QU'EST-CE QU'UN DIEU ?

COMITÉ ÉDITORIAL

CHEMINS PHILOSOPHIQUES

Collection dirigée par Roger POUIVET

Yann SCHMITT

QU'EST-CE QU'UN DIEU ?

Paris

LIBRAIRIE PHILOSOPHIQUE J. VRIN

6, place de la Sorbonne, Ve

2013

© *Librairie Philosophique J. VRIN,* 2013

Imprimé en France

ISSN 1762-7184

ISBN 978-2-7116-2486-7

www.vrin.fr

LE PROBLÈME DE L'ANTHROPOMORPHISME

Le colonel Sanders croisa les bras, et se mit à regarder fixement Hoshino.

— Qu'est-ce qu'un Dieu, hein ?

Comme le jeune homme restait perplexe, le colonel insista :

— Qui, quelle tête il a, ton Dieu, qu'est-ce qu'il fait ?

— Je ne sais pas très bien mais un Dieu, c'est un Dieu. Il est partout, il regarde ce qu'on fait, et il juge si c'est bien ou mal.

— Comme un arbitre de foot alors ?

— Peut-être bien.

— Alors Dieu est en short, il a un sifflet et l'œil rivé à sa montre ?

— Vous commencez à me casser les pieds, colonel, dit Hoshino.

— Et les Dieux du Japon et le Dieu occidental, ils sont amis ou ennemis ?

— Mais j'en sais rien, moi !

— Alors écoute, benêt, les Dieux existent seulement dans la conscience humaine. Et c'est un concept qui n'a pas arrêté de changer selon les circonstances, surtout au Japon. La preuve, avant la guerre, Dieu, c'était l'empereur, mais quand

le général de l'armée d'occupation américaine Douglas
MacArthur lui a intimé l'ordre de quitter cette fonction, il a fait
un beau discours pour déclarer : «Ecoutez-moi tous, à partir
de maintenant, je ne suis plus Dieu» et, en 1946, c'était
terminé[1].

Les philosophes qui définissent ce qu'est un Dieu[2] ne
confondent pas un Dieu et un arbitre de football mais il n'est pas
certain qu'ils puissent totalement renoncer à toute forme
d'anthropomorphisme sans prendre le risque de ne plus rien
dire[3]. Traiter la question «qu'est-ce qu'un Dieu?» impose
donc de naviguer entre deux écueils. Le premier est de concevoir Dieu comme un être humain doté de pouvoirs supérieurs et
non comme un être réellement divin, le second est de devoir
tout simplement se taire afin d'éviter les problèmes du premier
écueil. Pour connaître le contenu du concept de Dieu, il peut
être tentant d'en décrire la genèse, genèse qui montre notamment comment l'anthropomorphisme est naturel et spontané.
Ce sera notre point de départ et il faudra ensuite se demander
s'il est possible de surmonter ce problème de l'anthropomorphisme par une critique philosophique qui exposerait un
concept légitime de Dieu, légitime ne signifiant pas qu'un ou
des Dieux existent mais que l'on peut réfléchir à cette question
sur la base d'un concept cohérent de Dieu. Discuter du concept
de Dieu, de sa cohérence ou incohérence et de sa genèse dans
l'esprit humain permet de préparer une possible discussion sur
l'existence d'instance(s) de ce concept. Pour qu'un débat
philosophique ait lieu à propos de l'existence de Dieu, il
faut qu'un concept de Dieu soit clairement présenté selon

1. H. Murakami, *Kafka sur le rivage* (2003), Paris, Belfond, 2006, p 389.
2. Pour plus de simplicité, j'utiliserai constamment la majuscule.
3. Je ne vais présenter que quelques remarques sur l'anthropomorphisme
qui sera discuté plus avant dans le commentaire du texte de Feuerbach.

l'exigence relativement banale qu'il faut savoir de quoi on parle avant de s'interroger sur son existence éventuelle[1]. Cette discussion sur l'existence d'un ou plusieurs Dieux et sur les raisons de croire qu'un ou plusieurs Dieux existent ou n'existent pas ne fait pas partie de l'objet de ce livre qui est comme un préambule à ce type de réflexions.

---

1. Voir C. Michon, « Il nous faut bien un concept de Dieu », *Critique*, 705-706 (2006), p. 92-104.

LA GENÈSE DU CONCEPT DE DIEU

On préfèrera d'abord se situer dans un cadre naturaliste pour exposer la genèse du concept de Dieu. Sans présupposer l'existence d'un quelconque Dieu, il faut comprendre comment les êtres humains en viennent à penser à des Dieux ou à Dieu. On trouve ainsi chez Hume[1] une description classique de cette genèse, description qui a été renouvelée par les sciences cognitives des religions.

L'imagination au pouvoir

Hume ancre les croyances dans les Dieux et en Dieu dans des passions et non dans l'activité intellectuelle. Les deux passions fondamentales à la source des religions sont la crainte et l'espérance qui sont des formes de douleur et de plaisir. Chacun cherche à s'assurer de son bien présent et futur et à fuir le mal présent et futur, et ceci produit en nous, quand c'est un futur incertain qui importe, des passions d'espoir et de crainte face à l'incertitude. Ces passions sont d'autant plus vives que l'urgence de l'action est grande et que les revers inattendus venant d'événements naturels (tempête, sécheresse etc.) ou

1. Hume, *Histoire naturelle de la religion*, trad. M. Malherbe, Paris, Vrin, 1989.

humains (défaites etc.) sont nombreux. À partir de ces passions, naissent des croyances à propos des dieux qui seraient les causes de ces événements. Ces croyances ne portent pas seulement sur la nature des dieux mais aussi et surtout sur les moyens d'agir avec eux et sur eux en un sens favorable pour le croyant.

Le concept de Dieu est donc naturellement et profondément ancré dans l'esprit humain car les dieux sont d'abord les causes imaginaires des événements les plus frappants. Les premières religions sont ainsi polythéistes et non monothéistes nous dit Hume puisqu'à chaque type de phénomènes naturels ou humains est associé un Dieu, comme par exemple Neptune pour les océans ou Mars pour la guerre. Pour être monothéistes, ces religions devraient naitre de questions métaphysiques soit sur l'ordre général de la nature supposant un unique ordonnateur ou soit sur l'unique commencement de l'univers, ce qui ne peut être le cas aux débuts de l'humanité. L'entendement n'est donc pas à l'origine des religions qui proviennent de l'association de la crainte, de l'espérance et de l'ignorance.

Le problème central du concept de Dieu est donc qu'il n'est peut-être pas véritablement un concept mais plutôt une image. Si l'entendement n'opère pas dans la croyance religieuse et dans la formation du concept de Dieu, c'est comme l'explique Hume, parce que l'imagination est à l'origine de l'idée de Dieu.

> Les hommes ont une tendance universelle à concevoir tous les êtres à leur ressemblance et à transférer à tous les objets les qualités auxquelles ils sont habitués et familiarisés et dont ils ont une conscience intime. Nous découvrons des visages humains dans la lune, des armées dans les nuages ; et si nous ne corrigeons pas par l'expérience et la réflexion notre penchant naturel, nous accordons malveillance et bienveillance à tout ce qui nous apporte mal ou bien. De là, la fréquence des prosopopées dans la poésie, qui personnifient les arbres, les monta-

gnes et les rivières et qui attribuent aux éléments inanimés de la nature des sentiments et des passions. Et bien que ces formes et ces expressions poétiques ne s'élèvent pas jusqu'à la croyance, elles peuvent servir du moins à prouver une certaine tendance de l'imagination, sans laquelle elles ne pourraient avoir ni beauté ni naturel. D'ailleurs, dieux de rivières ou hamadryades ne sont pas toujours pris pour des êtres purement poétiques et imaginaires : ils peuvent parfois s'intégrer dans la croyance véritable du vulgaire ignorant, qui se représente chaque bosquet, chaque champ sous la domination d'un génie particulier ou d'une puissance invisible qui les habite ou les protège[1].

La projection[2] de l'humain sous la forme d'êtres imaginaires reconnus comme fictifs ou comme ayant un authentique pouvoir causal est si naturelle qu'elle crée facilement l'image d'un Dieu. Ce qui la stimule dans le cas des religions, ce sont les deux passions contraires de l'espérance et de la crainte, dans le contexte d'une ignorance des causes des événements marquants. Une telle imagination non régulée qui projette des caractéristiques humaines sur les causes des événements inattendus et incompris est une source naturelle de superstitions religieuses.

Si le concept de Dieu est d'abord une image de Dieux ressemblant à des êtres humains, la critique semble aisée. On connaît le mot de Xénophane :

> si les bœufs, les chevaux et les lions avaient aussi des mains, et si avec ces mains, ils savaient dessiner, et savaient modeler les œuvres, qu'avec art seuls les hommes façonnent, les chevaux forgeraient des dieux chevalins, et les bœufs donneraient aux

---

1. Hume, *Histoire naturelle de la religion*, *op. cit.*, p. 48.
2. Sur la projection anthropomorphique, voir le commentaire du texte de Feuerbach.

> dieux forme bovine : chacun dessinerait pour son dieu
> l'apparence imitant la démarche et le corps de chacun. [1]

Spinoza ne dit pas autre chose :

> je crois que le triangle, s'il était doué de langage, dirait en
> même manière que Dieu est triangulaire éminemment.

Le problème de l'anthropomorphisme peut être exposé en
peu de mots : concevoir des Dieux comme des êtres humains
tout en affirmant qu'ils ne sont pas de simples êtres humains
paraît tout simplement contradictoire. La genèse du concept de
Dieu décrit la source du problème : l'imagination guide la
pensée des Dieux plutôt que la raison.

La genèse du concept de Dieu dans les sciences cognitives

Les sciences cognitives des religions proposent aussi une
explication génétique du concept spontané ou naturel de Dieu
où l'ignorance des causes donne lieu à une croyance qu'un
agent surnaturel est présent [2]. Cette genèse entre plus finement
dans le détail de l'imagination des êtres surnaturels mais reste
dans son approche très proche du projet humien.

Un Dieu appartient à la catégorie des agents surnaturels à
laquelle appartiennent aussi les esprits des ancêtres ou les
fantômes. Un Dieu a des pouvoirs inhabituels ou surnaturels, il
me voit sans être physiquement présent ou peut faire brûler
un buisson sans qu'il se consume. Un Dieu est aussi un agent
préoccupé par la moralité du comportement des humains, un
agent avec lequel il faut compter et interagir par des prières ou
des rituels, par exemple pour éviter un malheur. Le concept de

---

1. *Les présocratiques*, J.-P. Dumont (éd.), Paris, Gallimard, 2008, p. 118.
2. Voir P. Boyer *Et l'homme créa les dieux*, Paris, Gallimard, 2003 et
S. Atran, *Au nom du Seigneur*, Paris, Odile Jacob, 2009.

Dieu est donc celui d'un être surnaturel ressemblant à un être humain mais pas totalement.

Les individus ont des attentes intuitives quant au comportement des objets, des animaux et des personnes qui les entourent, ces attentes relatives aux catégories d'entités étant invariantes à travers les cultures. Pourtant, la croyance religieuse qu'il existe des Dieux viole certaines attentes intuitives. Un Dieu est une personne sans propriété physique, un esprit doué d'intentions, de croyances et de désirs mais sans corps et nous ne nous attendons pas, en général, à ce que quelqu'un sache ce que nous faisons sans être présent pour le voir et sans recourir à un quelconque témoignage oculaire. Le concept de Dieu apparait alors comme un concept à la fois trop intuitif car il est anthropomorphique et aussi trop contre-intuitif pour être rationnel car il va contre certaines de nos attentes associées à la catégorie d'agent ou de personne.

Les croyances en ce type d'agents surnaturels se retrouvent dans toutes les cultures humaines et les travaux en sciences cognitives des religions ont pour objet de décrire à la fois la genèse de ces croyances et leur ancrage culturel, c'est-à-dire leur facile diffusion[1]. En voici un point central. Pour des raisons évidentes de survie, il faut pouvoir détecter très vite et très facilement le présence d'un ennemi ou d'un animal dangereux. Les êtres humains possèdent un dispositif mental très sensible de détection des agents et de leurs intentions. Ce dispositif peut se déclencher alors même que aucune présence physique n'est attestée. Ainsi il est possible de croire en la présence d'un agent mal intentionné à cause d'un simple bruit provoqué par le vent passant dans les feuilles d'un arbre. Cette sur-détection est fondamentale pour la survie car elle permet

---

1. Voir la théorie de la contagion de D. Sperber dans *La contagion des idées*, Paris, Odile Jacob, 1996.

d'être méfiant et réactif face au danger et l'erreur de sur-détection n'étant pas si coûteuse comparée à une sous-détection, il est compréhensible qu'elle ait été sélectionnée comme un avantage adaptatif.

Ce mécanisme cognitif consistant à croire en la présence d'agents alors même qu'aucune présence physique perceptible de ces agents n'est attestée constituerait une base pour l'acqui-sition du concept de Dieu au sens d'agent invisible. Pour comprendre ensuite la stabilisation de ces croyances dans des pratiques religieuses, il faut étudier comment ces croyances en l'existence de Dieux activent aussi les dispositifs de coopé-ration sociale. Les Dieux sont censés avoir un meilleur accès aux informations importantes que les agents humains. Ils jouissent aussi de pouvoirs d'action qui intéressent au plus au point les croyants quand bien même ceux-ci n'auraient pas une connaissance précise de ce que veulent et pensent les agents surnaturels. Cette ignorance accentue l'inquiétude comme le soulignait déjà Hume mais aussi l'intérêt qu'il y a tenir compte des agents surnaturels.

Pour que la genèse du concept naturel ou spontané de Dieu soit à peu près complète, il faut aussi montrer que puisque ces croyances sont contre-intuitives, ce concept est plus facile à retenir, il est plus marquant et signifiant à condition que la contre-intuitivité ne soit pas trop radicale. Si tel était le cas, la représentation de Dieu serait peut-être plus frappante mais elle serait aussi plus difficile à retenir et à intégrer dans nos inférences habituelles. La contre-intuitivité a ainsi des limites. Le concept de Dieu dans la réflexion métaphysique ou théo-logique est très contre-intuitif alors que le concept courant de Dieu, y compris chez les croyants des grandes religions mono-théistes qui proclament croire en un Dieu très différent de l'être humain, l'est beaucoup moins. Si l'on interroge des croyants sur les moyens que Dieu utiliserait pour intervenir et sauver une personne, le moyen le plus plausible est celui qui contrevient le moins à l'ordre de la nature alors même que ces croyants confessent la toute-puissance de Dieu et donc qu'ils devraient admettre la possibilité d'actions radicalement contre-intutives. Il semble donc que le concept de Dieu bien que contre-intuitif par certains aspects soit assez anthropomorphique et pas si éloigné de la conception courante que nous avons des agents humains. Cette association de l'intuitif et du contre-intuitif n'est pas contradictoire. Pour être pensable, Dieu doit appartenir à une catégorie que l'on maitrise, celle des agents, mais ce qui rend un être divin c'est sa différence par rapport à certains pouvoirs humains. L'agent divin n'est ni simplement humain ni simplement autre que l'humain, certains traits du concept de Dieu sont aussi attribuables aux êtres humains et d'autres sont plus inattendus [1].

Si l'anthropomorphisme semble au cœur du concept de Dieu, il faut aussi reconnaître qu'il est combattu dans certaines traditions religieuses. Au nom de la foi elle-même, l'anthropomorphisme est perçu comme un manque de piété qui rabaisse Dieu à ce qu'il n'est pas : un être humain. D'un point de vue philosophique, la genèse de nos idées et images sur les Dieux n'épuise pas nécessairement le concept de Dieu qu'il s'agit de penser en mettant à distance l'influence de l'imagination. La suite de ce livre examinera la possibilité d'élaborer un concept de Dieu qui ne soit pas une simple projection de l'agentivité humaine. C'est pourquoi je vais me focaliser sur le monothéisme et même sur le concept de Dieu dans le théisme qui est l'approche philosophique apparemment la plus sûre pour éviter l'anthropomorphisme.

---

1. Voir à nouveau le commentaire du texte de Feuerbach ci-dessous.

Le théisme est la thèse philosophique selon laquelle il existe un Dieu, c'est-à-dire un unique être qui satisfait le concept de Dieu, concept qu'il s'agit de déterminer en donnant une liste, probablement à jamais incomplète, d'attributs divins. Le théisme est généralement considéré comme implicitement présent dans les trois grands monothéismes que sont le judaïsme, le christianisme et l'islam et il hérite en cela de leur critique et du polythéisme et de l'anthropomorphisme[1]. Je laisse donc de côté pour des raisons de place et de discipline, une étude sociologique ou anthropologique de la diversité des représentations du divin et notamment les variétés de polythéisme. La prise en compte de cette diversité relève de l'importante étude du pluralisme religieux qui situerait la pertinence du théisme et de son concept de Dieu parmi les autres représentations du divin.

---

1. Je n'aborderai pas l'intéressante question de la véritable exclusion dans les pratiques et dans les dogmes du polythéisme hors du christianisme, voir M. Weber, *Sociologie des religions*, traduit et présenté par I. Kalinowski, Paris, Champs-Flammarion, 2006.

LE DIEU DES CROYANTS EST-IL DIFFÉRENT DU DIEU DES PHILOSOPHES?

La critique de l'anthropomorphisme impose de se faire une très haute idée de Dieu sans le réduire à un super-humain que spontanément nous imaginons, mais encore faut-il que nous puissions nous faire philosophiquement une très haute idée de Dieu. Certains philosophes affirment au contraire que notre langage et notre situation cognitive nous rendent incapables de cette réflexion conceptuelle et sans image sur la nature d'un Dieu non anthropomorphique. Un Dieu (s'il existe) est d'abord ce à quoi ou plutôt celui à qui s'adressent certains êtres humains. La préoccupation fondamentale des croyants, leur inquiétude même comme y insiste Hume, ne parait pas se situer dans la recherche d'une réponse à la question « qu'est-ce qu'un Dieu? » mais plutôt dans une interrogation comme « qui est Dieu? » ou « qu'attend de moi ce Dieu à qui je m'adresse et en qui je mets ma confiance? ». Pour en arriver à une réflexion proprement philosophique sur la nature et les attributs d'un Dieu, réflexion qui traiterait philosophiquement la question « qu'est-ce que un Dieu? » en mettant entre parenthèses la foi, il est possible analyser d'abord le terme « Dieu » et ses équivalents permettant de s'adresser à un Dieu.

S'adresser à Dieu ou le penser ?

Le terme « Dieu » a différents usages qu'il est commode de classer en deux catégories. En un sens métaphysique, « Dieu » permet de désigner une entité comme le premier moteur ou le créateur ou bien encore l'absolument parfait, le Très-Haut, le plus digne d'adoration. « Dieu » au sens métaphysique est même parfois le point ultime qui dépasse toute possibilité de conceptualisation obligeant ainsi à un paradoxal dépassement de la métaphysique. Ce dépassement est paradoxal car un Dieu est si transcendant par rapport à la nature ou à l'être humain, si *méta*-physique, que les métaphysiciens seraient impuissants à le penser. Mais avant d'avoir un sens métaphysique, « Dieu », ou ses équivalents dans d'autres langues, a d'abord un sens dans des pratiques et des attitudes religieuses comme la prière ou le culte. Ce sens religieux du terme dépend de croyances et de désirs humains comme l'espoir que la Justice triomphera du mal, que la vie ne s'arrête pas à la mort, que le groupe est protégé par un esprit plus puissant que tout être humain etc. Il ne faut cependant pas en conclure trop vite qu'il n'existe pas de liens entre le Dieu des philosophes et des métaphysiciens et le Dieu des croyants.

Dans la prière ou le culte, « Dieu » est un nom propre pour un agent, une personne ou une entité qui a certaines propriétés personnelles. Le croyant s'adresse à un Dieu sans s'engager dans une réflexion philosophique sur les attributs de ce Dieu auquel il s'adresse et, pour utiliser un nom propre, il n'est pas nécessaire de connaître les propriétés de l'entité désignée. Une référence directe à l'entité peut être effective grâce à l'usage d'un nom propre indépendamment de la connaissance des attributs de cette entité qu'exprimerait une description définie de la forme « il existe un x qui est tel et tel »[1]. On pourrait même aller plus loin dans le refus d'une réflexion philosophique sur les attributs divins. Le nom « Dieu » serait un nom qu'il ne faut pas clarifier ou introduire dans les rets de l'analyse philosophique car il est d'abord là pour dire ce qui reste incompréhensible, insaisissable, au-delà de tout concept. Une partie de la tradition juive est exemplaire sur ce point quand elle met en avant l'usage religieux du tétragramme « YHWH ». Parce qu'il est imprononçable, il rappelle aux croyants qu'ils ne doivent pas chercher une intelligibilité mais seulement mettre leur confiance en celui qui est le plus digne d'être loué[2]. De manière similaire, il est possible d'interpréter les noms relationnels que sont "Père", "Seigneur" ou "Créateur" comme indiquant un Dieu en insistant sur ce que les êtres humains sont face à ce Dieu plutôt qu'en insistant sur ce qu'est intrinsèquement un Dieu. Les êtres humains disent qu'ils sont des fils et filles de Dieu, des sujets d'un seigneur ou des créatures mais ils ignorent la nature de l'autre terme de la relation, à savoir le Dieu. Ainsi, l'opposition entre le Dieu des croyants et le Dieu des philosophes et des savants se manifesterait par la différence entre l'usage religieux de « Dieu » comme un nom propre dont la référence est directe et l'usage philosophique de « Dieu » comme un nom propre dont le sens et la référence sont fixées par une description définie[3]. Mais ceci ne suffit pas à prouver que la référence n'est pas la même dans les deux cas. La prudence philosophique qui refuse un usage de « Dieu » comme

1. S. Kripke, *La logique des noms propres* (1972), trad. P. Jacob et F. Récanati, Paris, Minuit, 1982.

2. G. Scholem, *Le Nom et les symboles de Dieu dans la mystique juive*. traduction de M. R. Hayoun et G. Vajda, Paris, Le Cerf, 1983.

3. W. Alston, « Referring to God ». *International journal for philosophy of religion*, 1988, 24(3), p. 113-128 et J. Gellman, « The Name of God ». *Nous*, 1995, 29(4), p. 536-543.

nom propre ayant une référence directe n'implique pas que finalement les philosophes n'utilisent pas aussi « Dieu » comme un nom propre ayant une référence directe si Dieu existe. La dernière clause « si Dieu existe » n'est pas de pure forme car si Dieu n'existe pas alors il n'y a qu'une illusion de référence directe.

Le Dieu inaccessible aux philosophes ?

Étant maintenant admis que Dieu est d'abord, pour les philosophes, décrit et non loué, je vais commencer par présenter différentes formes de refus d'aborder un Dieu comme un objet à décrire pour montrer ensuite les limites de ce refus d'une réflexion philosophique sur la nature et les attributs divins.

D'un Dieu on ne peut philosophiquement rien dire

L'argument le plus radical contre l'effort philosophique pour dire (un peu) ce qu'est un Dieu consiste à refuser tout discours philosophique et toute analyse conceptuelle dans le cas d'un Dieu car ce ne serait qu'une forme d'idolâtrie conceptuelle. Ainsi, Jean-Luc Marion développe ce que l'on pourrait appeler un argument du silence théologique puisqu'il faut se prémunir de toute imagination anthropomorphique et du concept qui ne serait qu'une autre forme d'imagination anthropomorphique.

> Si parler équivaut à énoncer une proposition bien construite, par définition ce qui se définit comme ineffable, inconcevable et innommable, échappera à toute parole [1].

Pour imposer le silence, le défenseur de la théorie de l'indicible doit fournir une justification de la définition de ce Dieu ineffable et ainsi expliquer pourquoi seule une réception

---

1. J.-L. Marion, *Dieu sans l'Être*, Paris, P.U.F., 2ᵉ éd., p. 83.

non conceptuelle de ce Dieu ou de sa Révélation est légitime. Pour développer une telle justification de la définition de ce Dieu ineffable, il faut concevoir la transcendance métaphysique de ce Dieu comme fondement de la transcendance conceptuelle[1] de ce Dieu. La transcendance métaphysique marque la différence radicale et la supériorité de ce qu'est un Dieu par rapport au créé. La transcendance conceptuelle signifie seulement que quelque chose ne peut pas être conceptualisé et est au-delà de nos concepts. Le lien entre les deux formes de transcendance apparait par exemple dans cette affirmation de Marion.

> Si Dieu ne peut pas ne pas se penser au-delà des conditions de possibilité du phénomène en général – sans intuition et sans concept, cette impossibilité même résulte directement de son infinité et la confirme au titre de l'incompréhensibilité[2].

Rien n'indique *a priori* que les deux formes de transcendance soient liées et l'argument sous-jacent confond ces deux transcendances. Sa forme la plus simple est la suivante.

1) Par définition, un Dieu est métaphysiquement transcendant.

2) Tout ce qui est transcendant métaphysiquement est transcendant conceptuellement.

3) Un Dieu est conceptuellement transcendant, c'est-à-dire aucun concept ne peut s'appliquer à un Dieu.

L'argument propose de passer d'une transcendance métaphysique à une transcendance conceptuelle. La transcendance conceptuelle serait le propre d'un être qui reste inacces-

---

1. Il est aussi possible de formuler le même argument en termes de transcendance prédicative et non pas conceptuelle.

2. J.-L. Marion, *Certitudes négatives*, Paris, Grasset, 2010, p. 94.

sible à l'activité conceptuelle et à l'attribution. Le passage de la transcendance métaphysique à la transcendance conceptuelle ne semble pourtant pas évident du tout. De (1), on peut aussi déduire.

4) Le concept de *transcendant* peut s'appliquer à un Dieu.

Les propositions (4) et (3) sont contradictoires et il semble plus légitime d'affirmer que (4) est validement conclue de (1). Si un Dieu est pensé comme transcendant, il est assumé implicitement que ce Dieu est conceptualisé comme transcendant. L'argument de la confusion des transcendances repose en réalité sur un présupposé massif. Ce présupposé consiste à affirmer que les concepts ne peuvent s'appliquer qu'à ce qui nous est empiriquement accessible. Pourtant, les mathématiciens (pour ne pas parler des métaphysiciens) semblent parfaitement capables d'utiliser des concepts qui ne dérivent pas de l'expérience comme le concept de zéro ou de cardinal transfini. Même une démarche empiriste peut autoriser à poser des hypothèses sur ce qui dépasse notre expérience possible comme le font couramment les physiciens. On peine donc à trouver une justification de ce silence théologique radical. La dénonciation de l'idolâtrie du concept repose en réalité sur une compréhension très discutable du champ d'application des concepts.

Reprenons plus précisément le problème du silence sur un Dieu qui ne doit pas être pensé anthropomorphiquement. Bocheński nomme le projet qui refuse toute prédication et toute conceptualisation à propos de Dieu «une théorie de l'indicible»[1] et il a montré que si la théorie de l'indicible n'est pas en soi incohérente, sa justification dans le cas de Dieu l'est.

---

1. Bocheński, *The Logic of Religion*, New York, New York University Press, 1965, p. 31-36.

Soit In(x, y) pour *x est un objet indicible dans le langage y*. La théorie de l'indicible (TI) pourrait se formuler de la manière suivante :

(TI) Il existe un objet *x* et un langage *l* tels que *In(x, l)*.

(TI) ne pose pas de problème puisqu'elle affirme seulement qu'un objet est indicible dans un langage. Cet objet n'est pas nécessairement un Dieu et il n'y a aucune raison de supposer que cette théorie est contradictoire. La théorie de l'indicible doit en réalité vouloir dire bien plus, par exemple que l'objet est indicible dans tout langage.

(TI') Il existe un objet *o* tel que pour tout langage *l*, *In(o, l)*.

(TI') paraît contradictoire puisque *o* est dit être indicible dans tout langage et pourtant (TI') est affirmée et un prédicat d'un langage, *In(_)*, est bien attribué à *o*. Mais cette formule doit être lue selon les conventions qui empêchent les paradoxes sémantiques : aucune formule ne peut concerner tous les langages. Il faudrait, nous dit Bocheński, réduire les langages désignés par *l* aux langages portant sur des objets. La conséquence acceptable de (TI') est alors qu'il y a un objet dont on ne peut rien dire. Or rien n'indique que l'on parle d'un Dieu, ni si cet objet indicible a un quelconque rapport avec les affirmations des croyants. Même correctement interprétée, (TI') n'est pas une théorie à propos d'un Dieu car tous les moyens d'identification de ce Dieu à *o* sont déclarés illégitimes : de *o*, on ne doit rien dire ni rien croire, y compris qu'il est identique à la référence du terme « Dieu »[1].

---

1. Il faut remarquer que notre discussion risque de ne pas être entendue. Pour défendre une réception non conceptuelle de Dieu ou de sa Révélation, certains philosophes croyants affirment que la seule parole qui soit pertinente est la parole indirecte de la louange qui médite le silence, qui dit et se dédit. Donc chercher une raison de la définition de Dieu par l'ineffable puis discuter de manière argumentée cette raison sera refusée. On peut se demander si ce refus ne

Ontothéologie

Une autre objection contre le discours philosophique sur Dieu est une objection tirée de la critique, développée par Heidegger, de l'onto-théologie et qui vise la prétention philosophique à dire (un peu) ce qu'*est* Dieu[1]. L'onto-théologie est l'erreur de toute métaphysique et de toute théologie qui confond l'être et l'étant et cherche l'être des étants dans un étant particulier (Dieu) pris comme la cause ultime de l'être des étants qu'il crée. Sans renoncer totalement à penser Dieu, Heidegger a cherché une nouvelle forme de méditation sur Dieu qui éviterait cette erreur. Le nouveau rapport à Dieu à partir de la pensée de l'être est la seule pensée capable de nous ramener à une juste relation à Dieu en évitant l'impasse que constituerait la confusion de l'être des étants et de Dieu qui n'est qu'un étant.

> Ce n'est qu'à partir de la vérité de l'Être que se laisse penser l'essence du sacré. Ce n'est qu'à partir de l'essence du sacré qu'est à penser l'essence de la divinité. Ce n'est que dans la lumière de l'essence de la divinité que peut être pensé et dit ce que doit nommer le mot Dieu[2].

Dieu ne sera éventuellement rencontré que si le divin est convenablement rapporté au sacré et non l'inverse. Mais la méditation sur le sacré lui-même, le sauf, n'a pas la priorité, elle doit être précédée par la pensée de la vérité de l'être, la pensée de la différence ontologique entre l'être et l'étant qui seule rend

relève pas d'une pure et simple violence, c'est-à-dire d'un refus de donner ses raisons.

1. Sur le lien entre Heidegger et la pensée de Dieu, voir P. Capelle, *Philosophie et Théologie dans la Pensée de Martin Heidegger*, Paris, Le Cerf, 2001.

2. Heidegger, « Lettre sur l'Humanisme », dans *Questions III et IV*, Paris, Gallimard, p. 112.

possible une pensée et une relation post-métaphysiques au sacré, au divin et ainsi à Dieu. Pour penser plus profondément que la métaphysique, il faut penser à partir de la vérité de l'être, c'est-à-dire à partir de l'expérience du don de l'être, du *es gibt*, qui, par son impersonnalité, ne décide pas encore ni d'un fondement des étants ni d'une relation personnelle à un Dieu. On devra non pas penser un Dieu tel qu'il est comme le voudrait le titre de ce livre, mais la relation possible de l'être humain à un éventuel Dieu encore innommé.

Pour plus de clarté, on peut synthétiser l'onto-théologie grâce aux trois thèses suivantes :

(OT1) La métaphysique onto-théologique n'utilise qu'un concept univoque d'étant et oublie la différence de l'être et de l'étant.

(OT2) Dans un système onto-théologique, Dieu est un fondement ou une cause et assure ainsi l'équilibre d'un système des étants.

(OT3) Dieu n'est qu'un étant, l'étant maximum.

Laissons la première thèse qui porte sur l'ontologie et moins sur un Dieu[1]. Contrairement à l'affirmation de la deuxième thèse, la pensée de Dieu dans la tradition métaphysique (et théologique) n'implique pas toujours une systématisation dans laquelle Dieu ne sert que de fondement à tout ce qui est. Certes la réflexion philosophique sur Dieu permet, selon certains philosophes, d'expliquer des aspects de la réalité mais dire cela n'implique pas que ce Dieu n'est mentionné que pour équilibrer une vision du monde. Nous le verrons, réfléchir à ce qu'est un Dieu consiste souvent à affronter les limites de la pensée conceptuelle plutôt qu'à construire un système où tout

---

1. Pour une critique intellectuellement libératrice de la lecture ontothéologique de la métaphysique, il faut se reporter à F. Nef, *Qu'est-ce que la Métaphysique ?*, Paris, Gallimard, 2004, chap VII.

est transparent. Quant à la troisième thèse, elle formule une crainte légitime mais ne pose problème que si elle suppose une forme de réduction d'un Dieu à ce que nous pouvons nous représenter comme maximum. Par contre, si par 'maximum', on entend ce qu'il y a de plus parfait comme nous allons le montrer par la suite, aucune réduction de ce Dieu n'a lieu, surtout si la transcendance de Dieu est clairement exposée. Au contraire, il s'agit d'une régulation de la pensée de ce Dieu à partir d'un idéal qui met en question toute pensée réductrice.

Pascal : le saut de la foi au-delà de la philosophie

Finissons ce tour d'horizon des possibles critiques du travail philosophique sur la nature divine et les attributs divins par la critique de la philosophie du point de vue de la foi. Les *Pensées* de Pascal paraissent être une anticipation du dépassement de la métaphysique et de ce refus de l'idolâtrie philosophique au profit du Dieu des croyants connus par le cœur et non par la raison. Pascal en distinguant trois ordres : le corps, l'esprit et le cœur, serait un modèle de séparation de la philosophie et de la pensée religieuse car la philosophie ne relèverait que de l'ordre de l'esprit et serait inutile et impuissante pour traiter des questions religieuses. La formule tirée de son *Mémorial* en serait la preuve manifeste :

> « DIEU d'Abraham, DIEU d'Isaac, DIEU de Jacob » / non des philosophes et des savants. (…) Il ne se trouve que par les voies enseignées dans l'Évangile.

L'ordre de l'esprit peut être compris comme l'ordre de la raison mathématique qui démontre à partir de principes ou plus généralement comme l'ordre de la connaissance scientifique et rationnelle qui travaille sur la base de premiers principes jugés évidents et fondant les déductions selon l'exigence cartésienne [1]. L'ordre du cœur est celui de l'amour au sens de la charité qui est aussi la véritable connaissance de ce qui est premier et l'ordre rationnel ne peut comprendre l'ordre de l'amour puisque l'on ne peut faire de ce qui est premier une conclusion d'une démonstration [2]. « *C'est le cœur qui sent Dieu et non la raison* » [3]. L'impossible démonstration des premiers principes n'est pas la seule limite de la raison car cette dernière ne peut non plus être le guide sûr vers Dieu puisqu'elle est « *ployable en tous sens* » [4].

Deux lectures de Pascal sont possibles à cause de la diversité des textes qu'il est probablement impossible de rendre parfaitement univoques [5]. Pour l'une [6], le refus d'une pensée philosophique de Dieu est un refus de principe, pour l'autre [7], ce refus est seulement de fait. La première lecture retrouve les arguments, déjà énoncés, condamnant les tentatives philosophiques pour penser Dieu. Si tel est le projet de Pascal, il tombe sous les critiques déjà développées. Pour la seconde lecture, la raison est tout aussi impuissante mais seulement (si

1. L 298 et L308. Je cite les *Pensées* selon la numérotation Lafuma présente dans Pascal, *Pensées*, Paris, Le Seuil, 1962.

2. L298.

3. L424, voir aussi L110.

4. L530, Pascal dit aussi « c'est pourquoi, il faut parier, c'est-à-dire choisir » (L418).

5. Il existe aussi une lecture pragmatiste de Pascal interprétant le pari que Dieu existe. Puisque l'on ne peut pas savoir si Dieu existe, il faut évaluer la force des raisons pratiques et existentielles de croire. Or selon Pascal, croire en Dieu a de meilleures conséquences que de ne pas y croire. Il est donc raisonnable de parier qu'il existe et de faire un effort volontaire pour y croire. Voir J. Jordan, *Pascal's Wager, Pragmatic Arguments and Belief in God*, New York, Oxford University Press, 2006.

6. V. Carraud, *Pascal et la philosophie*, Paris, P.U.F., 2e éd., 2007.

7. H. Michon, *L'ordre du cœur. Philosophie, théologie et mystique dans les « Pensées » de Pascal*, Paris, Honoré Champion, 1996.

l'on peut dire) à cause de la situation humaine et non à cause d'un vice intrinsèque aux concepts ou au langage.

Quand Pascal discute les bornes *de fait* de la raison humaine qui voudrait penser Dieu, il évalue les pouvoirs de la raison *en fonction d'un objectif* très fort : convertir les athées et renforcer la foi de ceux qui croient déjà, tout ceci en vue de leur salut. De ce point de vue apologétique, il semble clair que la philosophie en général, comme celle de Descartes en particulier, est inutile et incertaine[1]. Mais, dire que la philosophie de Descartes est inutile, c'est dire que *de fait* elle ne permet pas une apologétique efficace et dire qu'elle est incertaine, c'est souligner les limites des arguments philosophiques sans les condamner comme nécessairement faux ni déclarer que *par principe* la raison ne peut rien penser d'un Dieu.

Il faut donc nuancer la lecture trop fidéiste de Pascal car Pascal ne disqualifie pas toujours par principe la théologie naturelle et la raison[2], à condition de leur assigner un rôle très modeste. La raison n'a qu'un rôle très modeste à jouer dans la connaissance de Dieu à cause du péché qui obscurcit l'esprit humain. La foi dépasse la raison sans s'y substituer absolument car la raison peut, pour certains et dans une mesure extrêmement limitée, préparer à la foi[3]. La foi est ce qui, de fait, du fait de notre corruption, est le plus important pour la connaissance de Dieu et la raison ne serait pas disqualifiée en

---

1. L887.
2. L808.
3. Hume ne dit pas autre chose à propos de l'argument cosmologique : « rarement l'argument *a priori* s'est montré très convaincant, sauf pour des personnes à tête métaphysique, s'étant accoutumées au raisonnement abstrait, qui, trouvant qu'en mathématiques l'entendement conduit fréquemment à la vérité par l'obscurité et par une voie contraire aux premières apparences, ont transféré cette habitude de pensée à des sujets où elle ne doit pas trouver place. » *Dialogues sur la religion naturelle*, trad. M. Malherbe, Paris, Vrin, 1997, p. 171.

droit contrairement à ce que l'on trouve dans la critique de l'idolâtrie du concept.

La philosophie peut donc avoir deux fonctions propédeutique pour le croyant que l'on retrouve à l'arrière-plan de l'opposition du Dieu des philosophes et des savants et du Dieu des croyants.

D'une part, la philosophie est la mise en pratique de l'adage delphique «Connais-toi toi-même». Si Pascal critique la scolastique, il reconnaît l'importance de la philosophie comme retour sur soi, prise de conscience de la situation misérable de l'être humain. La philosophie doit d'abord combattre les illusions du divertissement et de la connaissance qui ne peut atteindre la certitude quant aux premiers principes. Cette prise de conscience n'est évidemment pas encore la foi mais elle révèle les limites de l'esprit humain et son désir d'un bonheur parfait qui est en réalité un désir de béatitude, de communion parfaite avec Dieu. La première tâche légitime de la philosophie, qui vaut pour tous et dont Pascal fait un usage abondant, serait donc de montrer la vanité des affaires humaines et des spéculations philosophiques sur l'univers ou sur Dieu.

D'autre part, pour certains, la philosophie peut aussi permettre d'entrevoir des vérités sur Dieu. Pascal ne condamne pas toujours toute connaissance de Dieu mais seulement celle des philosophes qui ne savent pas que connaître Dieu, ce n'est *pas seulement* connaître rationnellement Dieu, mais *avant tout* l'aimer pour surmonter le péché originel (principalement grâce au Christ). Seuls quelques-uns sont capables de suivre les arguments rationnels pour l'existence de Dieu et ces arguments n'ont qu'un pouvoir temporaire sur ceux qui les comprennent.

> Les preuves de Dieu métaphysiques sont si éloignées du raisonnement des hommes et si impliquées qu'elles frappent peu. Et quand cela servirait à quelques-uns, cela ne servirait

que pendant l'instant qu'ils voient cette démonstration. Mais une heure après, ils craignent de s'être trompés[1].

La raison en matière religieuse doit toujours se soumettre à la foi car la raison ne fera pas le salut, même des plus perspicaces. Pour le dire autrement, la raison n'est pas fondatrice de la foi, ce que peu de philosophes ou de théologiens contesteraient. Par conséquent, Pascal n'utilise pas les procédés philosophiques que sont les démonstrations de l'existence de Dieu et les analyses des attributs divins car, sans être condamnables absolument[2], ces procédés sont inutiles pour son projet apologétique et risquent d'être pris pour des moyens suffisants, ce qu'il condamne vigoureusement.

La critique de Pascal est donc d'abord une critique de l'orgueil philosophique qui croit pouvoir s'emparer d'un Dieu comme d'un objet parmi d'autres et qui suppose que la connaissance philosophique pourrait épuiser son sujet sans l'aide de la grâce. Mais invoquer Pascal qui, ne l'oublions pas, présuppose toujours la doctrine du péché originel, pour proposer une critique de principe de tout travail rationnel à propos d'un Dieu, c'est non seulement hiérarchiser et articuler les ordres mais surtout disqualifier l'ordre de la raison. Certes, pour Pascal, le Dieu des philosophes et des savants qui oublient la foi et croient pouvoir être certains de leurs raisonnements n'est pas le Dieu des croyants. Si Pascal n'accorde pas un poids important à la discussion rationnelle sur la nature de Dieu dont il critique en général les prétentions notamment fondationnalistes, c'est d'abord parce qu'il fait l'apologie d'une religion et qu'il cherche les voies du salut pour des êtres humains marqués par

---

1. L150.
2. « Si l'on choque les principes de la raison notre religion sera absurde et ridicule » L173.

le péché. Ce n'est donc pas la conceptualisation ou la réflexion sur Dieu qui seraient en elles-mêmes idolâtres pour Pascal mais la confiance non critique dans la conceptualisation, confiance qui ne connait pas la légitimité très limitée de l'ordre de l'esprit et qui mène à obscurcir les vérités connues par le cœur.

Critique de la critique

Que ce soit dans la critique radicale de l'idolâtrie conceptuelle ou dans la critique pascalienne des limites de fait de notre raison, l'exigence d'un examen philosophique de ce qu'est un Dieu est à chaque fois sous-estimée, que l'on adopte le point de vue du croyant, de l'agnostique ou de l'athée.

Pour le croyant, l'intelligibilité de la Révélation et donc du contenu de sa foi se pose et ne peut être esquivée par une distinction absolue entre la conception religieuse de son Dieu et la discussion philosophique sur Dieu. Que la meilleure relation à Dieu soit, aux yeux des croyants, la foi donnée par la grâce divine ou l'expérience d'un Dieu dans le cadre de pratiques religieuses signifie que la connaissance naturelle d'un Dieu doit être dépassée pour celui qui veut connaître et donc aimer ce Dieu. En ce sens, la philosophie n'est pas ce qui fait croire même s'il n'est pas évident que la foi ne puisse pas naitre à partir d'arguments philosophiques. Cependant, même en refusant cette possibilité très problématique, cela n'invalide pas le mouvement second qui est celui d'une analyse philo-sophique de ce qui est cru par les croyants eux-mêmes qui ne peuvent pas ignorer les questions des athées, des agnostiques et des croyants des autres religions. Pour que l'accueil de ce qui est pris pour une Révélation puisse être libre et intelligent, il faut que parmi les croyants, certains se soucient de l'intel-ligibilité de leur croyance et de la nature de l'objet de leur croyance.

Pour l'agnostique et l'athée, le refus d'une discussion conceptuelle sur un Dieu ne peut qu'apparaitre comme une violence faite à l'intelligence. Être agnostique ou athée ne signifie pas prétendre *a priori* qu'un Dieu, s'il existait, devrait être parfaitement compréhensible conceptuellement. Il ne s'agit pas d'imposer le principe douteux selon lequel tout ce qui est est totalement intelligible. La demande est seulement une demande de discussion philosophique sur la rationalité de la croyance et la nature de ce dont on parle, avec bien sûr la possibilité d'une critique radicale des incohérences du contenu de la croyance religieuse.

Les critiques de l'idolâtrie conceptuelle et de l'impuissance de la raison quoique trop radicales rappellent néanmoins utilement que pour penser philosophiquement un Dieu, il ne faut pas perdre de vue la singularité de l'objet à penser et son lien avec les croyances religieuses beaucoup moins abstraites que les preuves de l'existence de Dieu. Ceci étant posé, il ne s'agit pas d'admettre que la foi ou les croyances religieuses seront toujours immunisées contre toutes les critiques philosophiques et autonomes par rapport à l'intelligence de ce qu'est un Dieu car la philosophie, par sa dimension réflexive, peut légitiment traiter des attributs et de la nature d'un Dieu et, si nécessaire, manifester les illusions des croyances religieuses.

L'être tel que rien de plus grand ne peut être pensé

Les critiques d'une étude conceptuelle de la question « qu'est-ce qu'un Dieu ? » demandent une régulation de la pensée philosophique en fonction d'une Idée. L'insistance sur la transcendance conceptuelle ou sur l'altérité totale d'un Dieu se veut aussi régulatrice mais elle tend, comme nous l'avons vu, à obscurcir la réflexion plus qu'à la soutenir. Je propose

donc de comprendre la formule d'Anselme « *ens quo majus
cogitari non potest* », « l'être tel que rien de plus grand ne
peut être pensé »[1] comme l'expression de cette idée régulatrice indépendamment de son usage pour l'argument dit
« ontologique ».

Avant même de mesurer les conséquences de la régulation
de la pensée d'un Dieu par cette formule, il faut en comprendre
le statut. Elle peut paraître beaucoup trop imprégnée de foi
religieuse pour devenir légitimement une règle de la pensée
philosophique. En effet, Anselme dit bien « *nous croyons* que
tu es l'être tel que rien de plus grand ne peut être pensé ». Ce
« nous croyons » et ce « tu » marquent le contexte religieux de la
formule d'Anselme qui vient suppléer le seul usage d'un nom
propre (ou du « tu ») permettant de s'adresser directement à
Dieu. Le début du *Proslogion* est constitué d'exhortations et de
prières par lesquelles Anselme se prépare à une meilleure
rencontre voire même à une contemplation de Dieu mais pour
autant, il y a dans sa formule une exigence rationnelle suffisamment forte pour qu'elle puisse servir à d'autres fins que la méditation religieuse[2]. Ainsi, on rapproche couramment la formule
d'Anselme de celle de Sénèque « *magnitudo (…) qua nulla
maius cogitari potest* »[3], ce qui montre qu'elle exprime une
exigence philosophique générale. Il faut aussi noter que, pour
Anselme, la formule est compréhensible par l'athée à qui
s'adresse l'argument développé dans la suite de son chapitre.

---

1. *Proslogion*, trad. B. Pautrat, Paris, Garnier-Flammarion, 1993, chap. 2.

2. On peut même se demander si ce n'est pas une forme de préjugé
romantique qui voudrait que la prière ne puisse pas avoir de valeur cognitive.
Ce préjugé est à l'arrière-plan de nombreuses interprétations d'Anselme.

3. Sénèque, *Questions Naturelles*, texte établi et traduit par P. Oltramare,
Paris, Éditions Budé, I, préf., 13, p. 11.

Toujours à propos du statut de la formule, son indétermination pourrait la rendre inapte à exprimer l'idée de perfection absolue. Désigner un Dieu comme l'être tel que rien de plus grand ne peut être pensé, c'est désigner un Dieu relativement à nous, à notre pensée et aussi le désigner négativement. À l'inverse, l'idée de perfection absolue semble relever de l'affirmation et d'une pensée posant un contenu indépendamment de notre pensée. Entendre la formule d'Anselme comme l'expression d'une régulation de la pensée d'un Dieu par rapport à l'idée de perfection absolue, c'est éviter de la réduire à une pure définition nominale, ce qu'elle n'est pas car elle pointe vers l'intelligence de la perfection divine, mais c'est aussi éviter de croire que l'on peut avoir une saisie complète d'une essence divine, aucun contenu déterminé n'étant immédiatement associé à l'idée de perfection absolue. En ce sens, quand Socrate ou Platon dénonçaient l'anthropomorphisme des croyances religieuses de leurs concitoyens, ils n'avaient pas nécessairement besoin de saisir un contenu parfaitement déterminé du concept de divin mais seulement de mesurer l'écart entre certaines représentations et ce que l'on doit penser du divin qui est le plus parfait.

Néanmoins, on n'en restera pas à l'usage régulateur critique de l'idée de perfection. Anselme lui-même expose une série d'attributs divins (la toute-puissance, la miséricorde, la justice etc.) après s'être assuré de l'existence d'un être désigné par la formule *l'être tel que rien de plus grand ne peut être pensé*. On le comprend, pour traiter de la question « qu'est-ce qu'un Dieu ? », il faut articuler la référence du terme « Dieu », celle des descriptions définies qui déterminent les attributs d'un Dieu et l'idée régulatrice de perfection absolue exprimée par la formule *l'être tel que rien de plus grand ne peut être pensé.*

Omnipotence et unicité

La question « qu'est-ce qu'un Dieu ? » suppose que « Dieu » est un nom commun, un nom d'espèce pouvant être instanciée plusieurs fois. Le polythéisme n'est pas une absurdité logique et donc il parait prudent de ne pas identifier trop vite la question du divin à la question d'un unique Dieu. Néanmoins, si l'on doit penser le divin sous l'idée régulatrice de la perfection absolue et si comme on vient de le voir, cette idée doit nous guider dans la détermination des attributs divins, alors il faut remarquer que l'on peut assez aisément montrer que l'espèce du divin, si elle est instanciée, n'est instanciée qu'une fois. Ceci permet de justifier plus avant notre choix de n'étudier que le concept de Dieu du théisme.

L'être le plus parfait a la puissance la plus parfaite, l'omnipotence ou toute-puissance [1]. Supposons que deux êtres divins soient omnipotents et définissons l'omnipotence simplement comme la capacité à faire tout ce qui est possible. Il faut ôter la possibilité qu'ils se limitent mutuellement car cette possibilité va contre l'omnipotence des êtres omnipotents. Pour éviter cette possibilité, il faudrait que les êtres omnipotents soient parfaitement coordonnés et qu'ils agissent toujours de concert. Mais même dans ce cas, soit le premier peut limiter le second qui perd alors sa toute-puissance puisqu'il ne peut pas tout ce qui est possible pour un être omnipotent, soit le premier ne peut pas limiter le second et donc il ne peut pas tout ce qui est possible pour un être omnipotent [2]. L'idée régulatrice de la

---

1. Sur cette différence, voir ci-dessous.
2. Si l'on préfère parler de toute-puissance et de pouvoir sur toutes choses plutôt que de capacité à faire tout ce qui est possible pour l'être omnipotent, le problème est le même : si deux êtres ont tout pouvoir sur tout ce qui n'est pas eux, alors, ils ont un pouvoir l'un sur l'autre et se limitent l'un l'autre contrairement à leur toute-puissance.

perfection absolue si elle implique bien une puissance parfaite pour les êtres divins implique aussi l'unicité du divin. Après examen, la question « qu'est-ce qu'un Dieu ? » devient donc la question « qu'est-ce que Dieu (s'il existe) ? ». « Dieu » est alors un nom propre, le même nom propre que les croyants et les philosophes utilisent, les premiers pour leur pratique religieuse, les seconds pour discuter de l'existence et des attributs de ce Dieu [1]. Et si Dieu existe, on peut même penser que ce nom propre a une référence directe.

---

1. Il n'est évidemment pas exclu qu'un croyant se fasse philosophe ou l'inverse.

DIEU EST-IL L'ÊTRE PREMIER ?

Le paradigme maximaliste

Le premier paradigme pour penser philosophiquement la nature de Dieu serait un paradigme que l'on peut appeler maximaliste et sa source philosophique serait Aristote, notamment Métaphysique Λ, 7 et 9. Ce qui importe pour comprendre ce qu'est Dieu[1], est de suivre une remontée vers le premier et le plus parfait des êtres comme le font Aristote et bien d'autres après lui[2]. Cette remontée peut prendre une forme spirituelle et finalement contemplative mais la détermination philosophique du concept de Dieu prend aussi le chemin des preuves de l'existence de Dieu, preuve qui mène d'un usage courant du nom propre « Dieu » à une détermination de ce nom propre associé par des descriptions définies explicitant les propriétés de Dieu.

---

1. Aristote dit le Dieu et non Dieu, je laisse ce point d'exégèse aristotélicienne.
2. Le cas de Thomas d'Aquin est complexe selon que l'on insiste sur son aristotélisme par exemple parce qu'il commence la *Somme de théologie* par cinq voies qui mènent déductivement à Dieu ou sur son néo-platonisme quand il développe les conséquences de la voie négative, néo-platonisme que l'on étudiera à l'occasion du prochain paradigme.

Dans sa *Physique* et sa *Métaphysique*, Aristote propose une forme de preuve cosmologique[1] qui partant du changement qui est passage de la puissance à l'acte et de la nécessité que ce passage soit l'effet d'une cause en acte antérieure, conclut à l'existence d'un être absolument immobile, sans virtualité, parfaitement accompli, acte pur et premier moteur. En effet, si tel changement suppose telle cause en acte et que, pour être en acte, cette cause suppose elle aussi une cause antérieure en acte, une régression à l'infini apparait et Aristote juge qu'elle est vicieuse : il faut bien s'arrêter pour fonder ultimement le changement dans un être parfait. Cet être est ce qui peut mouvoir sans être mu. Il est un premier moteur parfait car toujours déjà accompli et il est tout autant le suprême désirable que le suprême intelligible que toute la nature imite autant qu'il en est en son pouvoir. Ainsi, pour être ce par quoi se fait ultimement tout changement, le premier des êtres ne doit pas être premier seulement dans la série des causes mais aussi dans la série des choses bonnes et des choses intelligibles. Le premier des êtres est aussi le meilleur ; à la série des êtres correspond la série des biens et c'est la nature la meilleure qu'il faut attribuer à ce premier moteur qu'est Dieu et que tout imite avec une moindre perfection.

La meilleure nature est la vie la plus haute, une vie dont nous faisons parfois l'expérience et qui est, pour Aristote, la pensée du suprêmement pensable, l'intellection du plus intelligible. Dieu vit donc la vie rêvée du sage puisqu'il prend

---

1. Mon objet est seulement d'exposer comment on peut poser Dieu comme le premier des êtres en suivant ce que dit Aristote. Pour une étude plus précise des arguments cosmologiques et téléologiques, voir P. Clavier, *Qu'est-ce que la théologie naturelle ?*, Paris, Vrin, 2004 et W. L. Craig et J. P. Moreland (eds.), *Blackwell Companion to Natural Theology*. Oxford, Blackwell Publishing, 2009.

plaisir à contempler ce qui est le plus digne de penser, à savoir lui-même. C'est pourquoi poser Dieu comme premier des êtres ne consiste pas seulement à affirmer de manière théorique qu'il existe un principe ultime. Certes Dieu n'agit pas comme une cause efficiente et donc n'intervient pas dans le cours de la nature mais la reconnaissance de l'existence de ce premier des êtres et la reconnaissance qu'il vit de la vie la plus parfaite fournissent une règle pour le désir humain. Dieu est la cause finale et ainsi il agit sur le monde tout en étant immobile. Si toute chose tend vers une fin et un accomplissement, l'être humain aspire à la vie la plus haute et Dieu doit donc être admiré et imité puisqu'il jouit éternellement de la vie que nous désirons. Le concept de Dieu ainsi déterminé ne suffit pas à faire une religion, mais il peut néanmoins être un élément du contenu de croyance des croyants.

Les attributs divins

Cette caractérisation de Dieu comme premier dans l'être [1] et donc comme le meilleur des êtres permet de proposer une première exposition des attributs de l'être maximalement parfait : l'existence nécessaire, l'omniscience, l'omnipotence, l'unicité, l'éternité, la parfaite bonté etc. Il ne s'agit pas ici d'énoncer tous les noms de Dieu mais de se focaliser sur ceux qui sont essentiels au théisme. Nous avons déjà vu les conséquences de l'omnipotence pour l'unicité de Dieu et nous étudierons au fur et à mesure différents attributs. Commençons par la nécessité et le pouvoir créateur.

---

1. Ce qui ne veut pas dire que l'on croit que chez Aristote, la science de l'être en tant qu'être est la théologie, voir P. Aubenque, *Le Problème de l'Être chez Aristote*, Paris, P.U.F., 1962.

La nécessité

Si Dieu est premier, il est nécessaire. La nécessité caractérise Dieu à un double titre : la nécessité de son existence et la nécessité de ses attributs. La nécessité des attributs est le fait que Dieu (s'il existe) a nécessairement, et non de manière contingente, certains[1] de ses attributs sinon tous. Dieu ne peut pas être « non omnipotent » ou « imparfaitement bon » etc. La nécessité de l'existence est à comprendre ici conditionnel-lement. Je n'entends pas défendre une preuve ontologique de l'existence de Dieu mais le concept de Dieu comme premier des êtres et comme maximalement parfait est celui d'un être nécessaire. Que l'on puisse déduire logiquement de la possibi-lité de l'existence d'un tel être sa nécessaire existence ou de la concevabilité d'un tel être sa nécessaire existence est une autre question. Dire que Dieu est un être nécessaire signifie que Dieu n'est pas un être contingent, que son concept s'il est satisfait par un être n'est pas celui d'un être qui aurait pu ne pas exister. À l'inverse, ce qui est créé est contingent parce que son existence dépend de Dieu mais aussi parce qu'il est possible que Dieu est fait que cette chose n'existe pas.

Les entités abstraites comme les nombres ou les propriétés qui existeraient dans tous les mondes possibles, c'est-à-dire nécessairement, posent un problème lié à la nature de Dieu. Sont-elles créées par Dieu sans être pour autant contingentes ? Sont-elles nécessaires et Dieu ne serait pas le créateur de toutes choses ? Ce n'est pas le lieu ici de traiter en détail une telle question mais il faut remarquer que l'on associe assez facilement la nécessité de l'existence et l'abstrait d'une part et le concret et la contingence d'autre part, ce que le cas de Dieu

---

1. La possibilité pour Dieu d'avoir certaines propriétés seulement de manière contingente et non nécessairement sera discutée ci-dessous à propos de la temporalité divine.

vient mettre en question. Il existe deux manières de distinguer ontologiquement le concret et l'abstrait. En un premier sens, est concret ce qui est localisable dans l'espace-temps. À l'inverse, est abstrait ce qui n'a pas de localisation comme le nombre 7 et la propriété universelle d'être de charge négative qui n'ont pas de lieu. En un second sens, sera dit concret ce qui a un pouvoir causal et abstrait ce qui n'en a pas. Le nombre 7 et la propriété universelle d'être de charge négative sont abstraits car ils n'ont pas de pouvoir causal par eux-mêmes mais seulement par les choses qui sont au nombre de 7 ou qui ont la propriété en question. Cependant, selon la première manière de distinguer abstrait et concret, Dieu est abstrait, ce qui est plutôt contre-intuitif tandis qu'il est concret au second sens. Il faut probablement privilégier la seconde distinction et reconnaître que définir l'abstrait par ce qui n'est pas dans l'espace-temps est insuffisant et que le critère causal est le plus important[1].

Affirmer que Dieu a un pouvoir causal n'est pourtant pas une évidence. Aristote nous l'avons vu considère que Dieu est une cause finale mais pas qu'il possède le pouvoir d'une cause efficiente puisqu'il ne crée pas le monde. La classification contemporaine du concret et de l'abstrait identifie causalité efficiente et concret et dire que Dieu est concret semble impliquer qu'il a le pouvoir causal efficient de créer et de maintenir dans l'existence tout ce qui n'est pas lui, voire même d'agir de manière particulière dans le cours des choses, ce que l'on nomme en général les miracles. Deux questions se posent.

---

1. On pourrait néanmoins contester ce point en montrant qu'il ne peut exister de causalité d'un être hors de l'espace-temps telle un *ego* cartésien ou un Dieu transcendant sur un autre être dans l'espace-temps. Ce serait une défense du principe de clôture causale du monde physique. Voir D. Papineau, *Thinking about Consciousness*, Oxford, Clarendon Press, 2002, Appendice.

Peut-on dire que Dieu crée ? Peut-on utiliser le concept de cause pour penser cette création ?

Le créateur

Les religions monothéistes supposent que Dieu est un agent créateur mais on peut donner deux raisons complémentaires, plus philosophiques, d'attribuer un pouvoir créateur à Dieu. La première est que l'omnipotence signifie le pouvoir de créer à partir de rien et la seconde que la conception de la vie parfaite qui guide Aristote dans sa compréhension de la vie divine est discutable.

La perfection divine ne semble pas impliquer chez Aristote l'attribut de toute-puissance. Exercer un pouvoir, même parfaitement mesuré et régulé par la bonté parfaite de Dieu, ne serait pas une perfection car cela romprait l'autarcie divine, Dieu devant entrer en relation avec un autre que soi. Si Dieu est d'abord un vivant autarcique qui n'a besoin de rien dans sa plénitude, toute relation à Dieu est non réciproque. Dieu est toujours parfaitement identique à lui-même, d'une perfection comprise hors de toute relation sauf comme cause finale ce qui ne produit aucun changement en lui. Cette détermination de la perfection absolue comme auto-suffisance a été contestée. La vie la plus parfaite n'est pas nécessairement la vie autarcique et l'accomplissement passe peut-être par une relation, ce qui peut être défendu en s'inspirant de la conception de l'amour comme don (*Agapè*). Certes, nul n'affirmera que Dieu a besoin d'entrer en relation mais, par sa toute-puissance, il peut créer à partir de rien, ce qu'ignore Aristote. Ce qui est en jeu dans la compréhension de la perfection divine est donc aussi une certaine interprétation de la vie la plus heureuse et la plus accomplie. Dieu n'a pas besoin de créer, en ce sens il est bien le plus indépendant des êtres, mais il peut le faire sans y être nécessité puisqu'il est tout-puissant.

Être créateur signifie en première approximation faire exister tout ce qui n'est pas Dieu ou en Dieu[1] mais cela semble impliquer une perte de tout pouvoir de production pour l'être humain. Ce n'est pas Dieu qui fait que l'enfant nait de la rencontre des parents, pour autant les parents n'existeraient pas si Dieu n'avait pas créé l'univers. Être créateur signifie donc que Dieu fait exister ou laisse d'autres êtres faire exister, ces autres êtres ayant eux-mêmes été créés. Ce pouvoir de création est celui de faire commencer tout ce qui n'est pas Dieu ou en Dieu. Il n'implique pas que l'univers ait un commencement et que la création soit une création au commencement du temps ou du commencement du temps. Il est parfaitement envisageable philosophiquement que Dieu ait créé l'univers de toute éternité et non à un commencement[2]. L'action créatrice n'est donc pas nécessairement temporellement située au commencement et elle ne se réduit pas non plus à initier les choses en les abandonnant à elles-mêmes. Le pouvoir créateur est aussi un pouvoir de maintenir dans l'existence tout ce qui n'est pas Dieu ou en Dieu.

La liberté de ce pouvoir créateur peut se comprendre de deux manières relatives à la compatibilité ou non entre liberté et déterminisme. 1) Si l'on considère que liberté et déterminisme sont compatibles, alors la création divine peut être nécessaire et libre. Dieu crée en exprimant la nécessité de sa nature et il est libre puisqu'il ne subit aucune contrainte et agit conformément à sa nature. 2) Si l'on considère à l'inverse que liberté et déter-

---

1. Si les nombres ou les entités abstraites en général sont nécessaires, elles ne réclament pas un acte particulier de création mais on peut les dire en Dieu, dans l'entendement divin, pour éviter que Dieu en dépende.

2. Voir C. Michon (éd.), *Thomas d'Aquin et la controverse sur l'éternité du monde*, Paris, Garnier-Flammarion, 2004 et P. Clavier, *Ex Nihilo*, Paris, Hermann, 2011.

minisme sont incompatibles, Dieu, en créant l'univers, ne subit aucune nécessité s'imposant à lui ni même de nécessité intérieure. Il crée donc en fonction d'une décision, d'un choix, en fonction d'une intention. La création libre au sens de la décision suppose un esprit ou une personne qui poursuit une fin par son action créatrice. Si causalité il y a, c'est donc un pouvoir causal libre quel que soit le sens que l'on donne à cette liberté.

Le premier sens de création, la création nécessaire, semble cependant renvoyer à la production ou à l'émanation à partir d'un principe cosmologique plutôt qu'à un Dieu. Le concept de Dieu devrait être, en première approche, distingué de celui d'un premier principe cosmologique en ce qu'un Dieu est soit une personne soit un être personnel. Ainsi défini, comme premier être nécessaire, personnel, tout-puissant, omniscient, jouissant de la vie la plus haute, digne d'être admiré et créateur bon de toutes choses, Dieu est l'objet du théisme qui est au cœur des grands religions monothéistes.

L'infinité

L'infinité de Dieu est la marque de l'absence de toute limitation dans son essence. Dieu étant maximalement parfait, il ne peut rencontrer de limite. Tous les auteurs qui ont parlé de Dieu n'ont pas mentionné l'infinité parmi les attributs divins car l'infinité peut être une marque d'imperfection ou de perfection. Pour être une perfection, l'absence de limite en Dieu ne doit pas être le contraire de l'accomplissement déterminé d'une essence comme lorsque l'on dit que Épicure est un sage parfaitement heureux. Cet accomplissement de l'humanité dans la sagesse heureuse est fini et il s'oppose à l'infinité d'une quête insatisfaite du bonheur. Cet infini d'une quête sans fin est plutôt un manque, un indéfini qui ne peut caractériser Dieu. L'infinité de Dieu n'est pas le propre d'un être indéterminé et inaccompli. Pour le dire autrement, l'infinité de Dieu

est une infinité positive et non une infinité négative qu'en
grec on nomme *apeiron*. Ainsi, l'infinité ne signifie pas que le
premier des êtres est indéterminé avec un aspect chaotique et
sans mesure. L'infinité de Dieu est bien l'absence de détermination particulière et limitée mais elle ne se définit pas négativement comme ce qui manque de détermination, pas plus que
Dieu ne se définit relativement à un autre. L'infinité de Dieu est
positive car Dieu n'est limité par rien d'extérieur à lui-même et
il ne manque de rien. En ce sens, Dieu est bien premier par son
infinité, il transcende toute limitation et tout être fini car si son
infinité n'est pas relative, alors elle n'est pas seconde, elle
marque la primauté de Dieu.

Et L'infinité de Dieu peut aussi être comprise de trois
manières, comme l'infinité de la nature divine, comme la
possession de l'infinité des perfections et comme l'infinité de
chacune des perfections portées à son maximum, à son degré
infini puisque la puissance, la connaissance, la bonté etc.
de Dieu sont infinies. Si l'on veut tenir ensemble les deux
premières affirmations d'infinité, le problème de la simplicité
divine va se poser. Si dire que Dieu est infini signifie qu'il
possède l'infinité des perfections à leur degré maximal, alors
on voit mal comment Dieu peut être absolument simple, nous y
reviendrons. L'autre question à se poser est de savoir si en tant
qu'elle est infinie, une perfection est le degré maximal d'une
série ou bien si elle excède la série des perfections qui n'ont
qu'un degré fini dans le créé. Ces questions que pose l'infinité
de Dieu, la simplicité et la transcendance des perfections seront
reprises par la suite.

Et Reste une dernière ambiguïté dans la conception de Dieu
comme infini. Si Dieu est infini, n'est-il pas tout, l'infinité de
Dieu menant peut-être au panthéisme ? Et comme corollaire de
ce panthéisme, une telle conception de l'infini n'implique-

t-elle pas la réduction du fini en le résorbant dans l'infini ? Le
panthéisme est une thèse qui identifie le monde et Dieu ou bien
en un sens moins fort qui fait du monde le corps de Dieu. En ce
second sens, on parlera plutôt de panenthéisme et la possibilité
pour Dieu de transcender en partie le monde n'est pas exclue et
pose moins de problème. Dans le panthéisme au sens strict,
Dieu est immanent en embrassant toutes choses dans son
infinité, soit parce le monde est Dieu soit parce que Dieu est
présent dans tout ce qui est sans transcender ce qui est ; le
panthéiste adoptera la formule de Spinoza, « tout est en Dieu »[1].

Le panthéisme peut être évalué à l'aune de l'Idée
régulatrice de perfection. Si Dieu est la totalité du monde
ou une forme dans une matière ou bien encore un principe immanent en quoi tout se résorbe, deux problèmes apparaissent.
Le premier est celui de la réalité de l'individualité. L'infinité de
Dieu qui unifie toutes choses abolit toute différence réelle entre
les individus particuliers, humains ou non. Le panthéiste peut
répondre que justement l'individualité et la particularité sont
des illusions dont il faut se libérer aussi bien intellectuellement
que spirituellement et religieusement. Le second problème me
semble plus difficile à esquiver. Comment tenir que Dieu est le
plus parfait, selon l'exigence de l'Idée régulatrice qu'exprime
la formule d'Anselme, tout en affirmant qu'il est immanent ?
L'infinité de Dieu ne peut être limitée par le fini et seule sa
transcendance le protège, en quelque sorte, des imperfections
du fini[2]. Dieu ne peut donc être matériel, ni même être le

---

1. *Ethique*, trad. C. Appuhn, Paris, Garnier-Flammarion, 1964, Livre I, xv.

2. Il existe toutes sortes de croyances religieuses qui insistent sur la prise en
compte par Dieu de la souffrance humaine, y compris par des passions. Dire que
l'infinité de Dieu n'est pas affectée par le fini au point de devenir limitée, ce qui
serait absurde, ne signifie pas que Dieu est indifférent au fini y compris dans le
cadre philosophique du théisme.

principe immanent du monde matériel. Dans le panthéisme, ce n'est pas seulement le fini qui se trouve mis en danger de résorption dans l'infini mais aussi l'infini qui risque une dissolution dans le fini. L'infinité de Dieu n'est pas une infinité en extension, l'infinité d'un ensemble de toutes les choses, si tant est que cette idée ait un sens.

Objection

Nous reviendrons sur différents attributs dans la suite, mais il faut d'ores et déjà remarquer le risque de l'anthropomorphisme qui apparait dans ce paradigme maximaliste. Quand Aristote comprend la vie divine par analogie avec la vie du sage expérimentant par intermittence la joie pure de la contemplation que Dieu vit éternellement, il semble projeter sur le premier moteur un idéal particulier d'existence. Quand un philosophe attribue à Dieu un pouvoir de création supposant une vie personnelle, il semble déterminer le concept de l'être le plus parfait par celui de l'agentivité humaine portée à son maximum. Mais cette objection pourrait être levée en disant que le pouvoir créateur est d'abord attribué à Dieu pour ensuite, par analogie, concerner les êtres humains. Cette réponse ne peut cependant valoir pour tous les attributs. En pensant Dieu comme le premier des êtres, on le situe au maximum de certaines hiérarchies, il a la vie la plus parfaite, il a la puissance la plus parfaite, la justice la plus haute etc., il est parfait à un degré infini par opposition aux degrés finis de perfection. Or la question de l'anthropomorphisme montre que Dieu n'excède pas les séries grâce auxquelles on le pense. Au contraire, il parait ressembler, même à *minima* aux degrés inférieurs des séries, degrés inférieurs que nous connaissons et à partir desquels nous pensons Dieu. Pour Vuillemin[1], il existe une tension entre la compréhension du premier des êtres relativement à des degrés de perfection et sa compréhension comme premier et transcendant. Cette tension est le signe d'une incohérence au cœur de tout concept de Dieu. Inscrire Dieu dans une échelle de degrés de ressemblance semble faire de Dieu un élément de l'ensemble, lui qui doit transcender la série des êtres. Si l'on pense Dieu comme parfait à partir de notre connaissance de choses plus ou moins parfaites, on le pense comme plus parfait que tout ce qui est connu comme parfait. Mais tout ce qui est reconnu comme parfait admet des degrés de perfections donc Dieu serait plus parfait que tout ce que nous connaissons et admettrait lui aussi un degré de perfection et donc la possibilité d'un plus parfait que lui. Ceci contredit la formule d'Anselme. Dieu est donc non seulement le plus parfait parmi tout ce que nous pouvons penser mais il faut aussi postuler qu'il est au-delà de tous les degrés de perfection. Dieu semble pensé de manière contradictoire comme maximum dans une série et au-delà de la série. Dépassant sa propre formule sensée être normative pour la pensée de Dieu, Anselme dit, au chapitre 15 du *Proslogion*, avec une concision abyssale :

> Donc, Seigneur, non seulement tu es tel que rien ne peut se penser de plus grand, mais tu es quelque chose de plus grand qu'on ne peut penser.

Or il ne suffit pas d'affirmer ensemble la gradation et la transcendance ou pire de dire que Dieu ne peut se penser que par des contradictions. Articuler les deux est loin d'être secondaire car un échec serait une mise en question de toute

---

1. *Le Dieu d'Anselme et les apparences de la raison*, Paris, Aubier, 1971, notamment IIIe et IVe parties.

détermination rationnelle du concept de Dieu. Puisqu'il faut penser Dieu *en tant que le premier des êtres*, il doit dépasser tout principe de gradation qui compare un être à un antérieur et un postérieur et puisqu'il *nous* faut penser Dieu, il faut pouvoir le relier à ce que nous connaissons déjà et qui peut être encadré par un antérieur et un postérieur. Dans un cas, le risque est le silence sur Dieu que nous avons déjà refusé, dans l'autre, c'est l'anthropomorphisme que nous cherchons à éviter.

Toute recherche philosophique sérieuse sur cette question consiste à ne pas choisir mais bien à articuler la ressemblance et la dissemblance, l'accessible et l'inaccessible, le connu et l'inconnu, l'en-soi et le pour-nous. À mes yeux, le pari le plus stimulant et le plus juste ne consiste pas seulement à articuler les discours d'affirmations et de négations, par exemple par le recours à l'analogie ; le pari le plus stimulant et le plus juste est de fournir une conception de Dieu qui rende possible les différents discours et le recours aux gradations avec un maximum tout comme la reconnaissance de la transcendance du plus parfait. C'est beaucoup demander mais ce n'est peut-être pas impossible, le lecteur choisira à la lecture des *pro* et *contra* qui suivent si l'on peut élaborer ou non un tel concept de Dieu.

DIEU EST-IL, TEL LE BIEN, AU-DELÀ DE L'ÊTRE ?

Le paradigme super-transcendantaliste

A l'opposé de tout panthéisme dans lequel Dieu serait immanent ainsi qu'à l'opposé de toute inclusion de Dieu dans des séries communes au créé et à l'incréé, un second paradigme permet de concevoir la nature de Dieu à partir du platonisme et du néoplatonisme. Je propose d'appeler ce paradigme super-transcendantaliste car Dieu y est conçu comme au-delà des séries de perfections et non comme le point maximal d'une série. Dans ce paradigme, les affirmations comme « Dieu est F » où *F* désigne un attribut divin ne sont pas déclarées fausses mais elles sont plutôt replacées dans un mouvement de la pensée et du discours qui leur confère une valeur provisoire puisque la transcendance de Dieu devient l'élément central et que la pensée de Dieu doit culminer dans une union qui est conçue comme au-delà de l'intellect et du discours conceptuel.

Les textes de Platon à propos de l'au-delà de l'être[1] ont donné lieu à de multiples interprétations religieuses, juives et chrétiennes notamment, mais l'idée de Dieu est

1. Voir *République*, 504d-517c, *Banquet*, 210a-212a et les deux dialogues *Parménide* et *Philèbe*.

remarquablement absente de ces textes platoniciens. Mon propos n'est donc pas de fournir une exégèse de Platon, pas plus qu'il n'est question de valider l'appropriation religieuse des textes platoniciens. Il s'agit seulement de montrer comment certains textes de Platon guident une compréhension de la perfection divine comme Bien ou Un au-delà de l'être. Une des questions essentielles de cette interprétation est alors celle du caractère impersonnel du premier principe, ce que l'on retrouve dans la tradition néo-platonicienne et qu'il faut rapprocher de la nécessité de la production ou de l'émanation du Bien ou de l'Un vers ce qui est. Le Bien et l'Un ne sont pas créateurs ni personnels. C'est à nouveau la différence entre un principe cosmologique et un Dieu personnel qui est en jeu ici.

Voici deux textes de Platon qui marquent clairement la transcendance du Bien et de l'Un par rapport à tout ce qui est.

> [Le Bien] n'est pas une essence mais, par-delà l'essence, il la surpasse encore en ancienneté et en puissance. [1]
>
> Il s'ensuit que d'aucune façon l'Un ne participe à l'être. Par voie de conséquence, l'Un n'est d'aucune façon. Il n'a donc même pas l'être qu'il faut pour être Un, car s'il l'avait, il serait déjà en train d'être et de participer à l'être. Il apparaît au contraire que l'Un n'est pas. Or, ce qui n'est point saurait-il avoir quelque chose qui soit à lui ou de lui. Par voie de conséquence, il n'y a de lui ni nom ni définition. Il n'est de lui ni science ni sensation ni opinion. [2]

Plotin qui n'hésite pas à nommer l'Un « Dieu », reprend en l'explicitant cette insistance sur la transcendance.

---

1. *République*, 509b 8-10, trad. M. Dixsaut dans *Métamorphoses de la Dialectique dans les Dialogues de Platon*, Paris, Vrin, 2001, p. 96.
2. *Parménide*, trad. L. Brisson, Paris, Garnier-Flammarion, 1999, 141e-142a.

Car l'intellect est quelque chose, un des êtres, mais il [l'Un] n'est pas une chose, mais est antérieur à chacun, il n'est pas non plus un être. Car l'être a, pour ainsi dire, la forme de l'être, mais il est sans forme, et sans forme intelligible. Car en tant qu'engendrant toutes choses, la nature de l'Un n'est aucune d'elles. Il n'est pas non plus quelque chose, une qualité, une quantité, un intellect ou une âme. Il n'est ni en mouvement ni en repos. Il n'est ni dans un lieu ni dans un temps, mais est 'lui-même par lui-même uniforme' ou plutôt sans forme et antérieur à toute forme, antérieur au mouvement et au repos. Car ceux-ci se rapportent à l'être, le rendant multiple. [1]

Déterminer le concept de Dieu par l'Un et le Bien consiste à pointer vers un indicible et un dépassement de la saisie conceptuelle mais il faut comprendre comment l'impasse du silence conceptuel peut être évitée. L'essentiel pour déterminer le concept de Dieu est de noter qu'une procession se fait de l'au-delà de l'être vers ce qui est, ce qui complique singulièrement l'attribution de propriétés à Dieu. Si l'on connait un élément E_i d'une série E de degrés de perfections et même si E_i est situé très bas dans la hiérarchie, la connaissance de E_i permet d'entrevoir ce que serait un E_{max}, point culminant de la série. Si l'on peut connaitre empiriquement ce que sont la bonté, la puissance, la connaissance etc. à des degrés faibles, il est possible d'entrevoir positivement ce que serait un point culminant dans ces séries en concevant, autant que possible, la bonté, la puissance, la connaissance etc. sans défaut et sans imperfection. Telle serait rapidement présentée l'épistémologie du paradigme maximaliste. Dans le paradigme super-transcendantaliste, on retrouve l'idée de perfection régulant la conception de Dieu mais Dieu n'est pas parfait parce que

---

1. *Ennéades*, VI, 9, 3, 36-45, trad. D. O'Meara dans *Plotin : une Introduction aux Ennéades*, Fribourg, Academic Press Fribourg, 1992, p. 72-73.

premier dans toutes les séries, il est la source des séries hors des séries. La connaissance des séries même accompagnée d'un effort pour concevoir leur degré maximal ne suffit apparemment plus à concevoir ce que serait Dieu. Les prédicats habituels ne peuvent plus être attribués directement à Dieu, même l'expression « perfection maximale » ne convient pas totalement. Mais le silence n'est pas nécessairement l'ultime recours.

Ce que l'on nomme la théologie *mystique*[1], au sens de la pensée de Dieu comme mystère, qui articule les voies affirmative, négative et superlative ou d'éminence pour penser Dieu, a la charge de penser ce Dieu au-delà de l'être. À l'inverse, la théologie *négative* au sens strict de l'expression serait une théologie qui ne validerait que des propositions négatives comme *Dieu n'est pas F*, ce qui mène tout droit au problème du silence théologique déjà vu. La question est alors de savoir si l'on peut préserver la théologie dite « mystique » de ce danger et conserver la possibilité d'un discours philosophique (et pas seulement théologique) sur Dieu.

Dieu, sa suressence et ses puissances

C'est en suivant le Pseudo-Denys l'Aréopagite[2] et son interprétation par Grégoire Palamas que nous pourrons voir les forces et limites de ce paradigme super-transcendantaliste. Denys distingue trois voies pour parler de Dieu : la voie affirmative qui doit être suivi d'une voie négative, elle même dépassée par une voie d'éminence où les négations et les affirmations sont dépassées, non pas dans une synthèse mais dans une contemplation de Dieu et un accueil de la parole

1. Voir V. Lossky, *Essai sur la Théologie Mystique de l'Eglise d'Orient* (1944), Paris, Le Cerf, 2005.
2. Pseudo-Denys L'Aréopagite, *Œuvres Complètes*, trad. M. de Gandillac, Paris, Aubier, 1943.

révélée. La voie affirmative attribue positivement et apparemment sans se dédire des propriétés à Dieu grâce à des énoncés comme « Dieu est sage ». La voie négative nie cette attribution et rappelle ainsi que Dieu n'est pas ce que trop facilement nous croyons qu'il est. Mais, la voie négative ne peut être un aboutissement car elle laisse croire que Dieu est privé de ceci ou cela, Dieu ne serait pas sage par manque de sagesse. Au-delà de l'opposition de l'affirmatif et du négatif, la voie d'éminence permet de penser Dieu comme celui qui transcende nos affirmations et nos négations, Dieu est plus que sage, car il est toujours plus et autre que ce que nous en disons.

Chaque attribut affirmé (la *cataphase*) puis nié (*l'apophase*) donne lieu à une explicitation de sa légitimité et de son usage pour désigner un Dieu qui dépasse ce que nous pouvons connaitre par la compréhension de ses attributs. Prenons l'exemple de l'attribut d'omniscience. Dieu ne connait pas par l'intellection des réalités individuelles empiriques (un chien, un être humain etc.) ou des essences (la Canité ou l'Humanité etc.). Il n'est pas non plus ignorant. Il connait de manière suréminente ou mieux il est *dit* connaitre de manière suréminente en tant qu'il a en lui-même le principe et la cause de tout ce qui est connaissable et connaissant. Il faut dire qu'il connait tout en se connaissant lui-même, tout comme il faut dire qu'il crée tout à partir de lui-même[1]. Dieu n'est donc pas ce qui connait parfaitement en tant qu'il a le maximum de connaissances, il est bien au-delà de notre accumulation de connaissances.

> En vérité, s'il convient de lui attribuer et d'affirmer d'elle [la Cause transcendante] tout ce qui se dit des êtres, parce qu'elle

---

1. Pseudo-Denys L'Aréopagite, *Les Noms Divins*, 592d-593a, dans *Œuvres Complètes*, *op. cit.*

est leur cause à tous, il convient davantage encore de nier d'elle tous ces attributs, parce qu'elle transcende tout être, sans croire pour autant que les négations contredisent aux affirmations, mais bien qu'en soi, elle demeure parfaitement transcendante à toute privation, puisqu'elle se situe au delà de toute position soit négative, soit affirmative. [1]

La progression du discours sur Dieu a donc la forme d'un tétralemme :

1. A
2. non A
3. A et non A
4. ni A ni non A.

L'étape 4 vise à changer de terrain, à dépasser l'attribution ou la non-attribution de tel prédicat, ce qui n'implique pas encore un silence complet mais un autre discours qui ne nous concerne pas ici nous qui voulons déterminer le sens du concept de Dieu et surtout cette étape 4 ne détruit pas la légitimité des étapes précédentes[2]. Le discours qui constitue la voie d'éminence est l'étape 3 où Dieu est dit être A en un sens éminent et en un autre sens, un sens plus courant, non A. La voie d'éminence procède par exemple grâce à l'ajout aux prédicats habituels des préfixes grecs *hyper* et *pro*[3]. Quand Dieu est dit « surconnaissant », le préfixe « sur » insiste sur la transcendance, sur l'unité de Dieu et sur l'absence de dispersion des attributs tandis que « connaissant » par différence d'avec « bon » suppose une diversité qui nait de Dieu et qui a un sens pour nous mais qui n'existe pas réellement en Dieu. Tous les attributs préfixés par « sur » renvoient à un même Dieu sans multiplicité

---

1. Pseudo-Denys L'Aréopagite, *La Théologie Mystique*, 1000b, dans *Œuvres Complètes, op. cit.*

2. F. Nef, « Comment Parler de Théologie Négative ? » *Klésis*, 2010, n°15.

3. Pseudo-Denys L'Aréopagite, *La Théologie Mystique, op. cit.*, 997a-b.

interne, un point ultime d'unité transcendante que le discours désigne indirectement par différents prédicats qui sont affirmés, niés, affirmés et niés et finalement ni affirmés ni niés. On ne peut même pas dire que ce qui est visé est l'essence de Dieu car la suressence de Dieu n'est pas une essence, c'est-à-dire une essence connaissable, car elle est la source de tout essence et de tout être.

Denys ne semble donc pas disqualifier la voie affirmative bien qu'il insiste sur sa négation car la voie positive est le moment où l'on parle de ce qui est participable en Dieu. Si l'on ne peut pas parler du participable, le mouvement de déification, de retour vers Dieu en vue d'une union, deviendrait impossible, ce que le défenseur de la théologie mystique n'accepterait pas et il serait aisé de montrer que l'argument contre le silence théologique réapparaîtrait[1].

> Le Bien en soi ne demeure pas totalement incommunicable à tout être, car de sa propre initiative et comme il convient à sa Bonté, il manifeste continûment ce rayonnement suressentiel qui demeure en lui, en illuminant chaque créature proportionnellement à ses puissances réceptives et il entraîne les âmes saintes afin qu'elles le contemplent, qu'elles entrent en communion avec lui et qu'elles s'efforcent de lui ressembler[2].

Ce texte est exemplaire : Dieu est à la fois ce qui en soi ne peut être connu, son rayonnement suressentiel nous demeure dissimulé, et ce qui se donne à une connaissance et à une communion. La difficulté principale de cette tradition platonicienne et néoplatonicienne du point de vue d'une conceptualisation

---

1. Il n'importe pas ici de développer en quoi le Discours de Dieu Lui-même (les Écritures) est pour Denys un discours qui compense les limites du discours sur Dieu. Du point de vue philosophique qui est le nôtre, il faut que le discours théorique sur Dieu ait sa propre cohérence.

2. Pseudo-Denys L'Aréopagite, *Les Noms Divins*, 588c-588d.

philosophique de la nature de Dieu est donc d'exposer la relation, en Dieu, entre ce qui est imparticipable et ce qui est participable.

Dire « Dieu est vivant » ou « Dieu est la vie-même » trouve son fondement ontologique dans la puissance (*dunamis*[1]) de vie de Dieu. Les puissances procèdent par distinction (*diakrisis*) en Dieu en tant qu'il est suressentiel. Ce Dieu suressentiel est le Dieu auquel la négation de la voie affirmative et la négation de la négation (sans synthèse) donnent accès dans l'inconnaissance extatique de son unité. Les attributs divins ne sont donc apparemment pas des perfections attribuées à Dieu, mais des puissances issues de Dieu par lesquelles le Dieu suressentiel peut créer les créatures dépendant de ces puissances qui ne sont pas elles-mêmes des Dieux créateurs.

> Si nous nommons, par exemple, le Secret suressentiel ou Dieu ou Vie ou encore Essence, ou Lumière ou Raison, notre intelligence en ce cas ne saisit que ces puissances qui descendent [ou procèdent] de Lui vers nous, pour nous déifier, nous essentialiser, nous vivifier, nous assagir[2].

Dire à la manière de Grégoire Palamas que les énergies sont désignées par les prédicats utilisés dans la voie positive et qu'elles sont connaissables tandis que Dieu, en sa suressence, serait inaccessible au discours positif comme à la connaissance est parfois critiqué comme une forme de réification du discours affirmatif qui ne rendrait pas justice à la transcendance divine et à la dynamique du discours sur Dieu. C'est oublier le besoin pour le philosophe de comprendre ce qui justifie en Dieu un tel

---

1. D'autres auteurs nomment les puissances des énergies ou opérations divines (*energeia*).

2. Pseudo-Denys L'Aréopagite, *Les Noms Divins*, 645a.

discours sur Dieu. Le discours sur Dieu de ces auteurs ne peut flotter dans le vide.

La différence entre Dieu et ses puissances ou énergies justifierait que la voie affirmative soit finalement niée dans le discours de celui qui vise l'union. Mais cette différence est-elle celle entre un principe et des entités de second rang qui procèdent de lui et créent pour lui ? Ou bien cette différence n'est-elle que la différence entre les aspects d'un Dieu créateur qui n'est pas seulement l'Un dont émane toute une série d'entités moins parfaites, y compris les essences en soi ? Puisque seule la seconde alternative convient à un Dieu créateur, il faut comprendre les puissances comme les aspects du Dieu connu inductivement par ses effets : le connaissant tire son pouvoir de connaître de sa participation à la puissance de connaître qu'est la connaissance en soi qui procède de Dieu vers le connaissant, tout en étant un aspect de Dieu. Les puissances ne sont pas des Dieux en plus du Dieu suressentiel et elles ne sont pas non plus des perfections divines directement constitutives de l'essence de Dieu car la voie affirmative doit pouvoir être niée. Les puissances sont des aspects de Dieu auxquels nous pouvons faire référence dans des jugements prédicatifs du type « Dieu est F » sans pour autant désigner l'essence divine à jamais conceptuellement inaccessible.

Problèmes

Le paradigme super-transcendantaliste pose deux problèmes. Le premier est celui de la nature de la nomination de Dieu comme Bien. Le Bien désigne la suressence et en même temps aucune proposition affirmative ne peut faire référence à la suressence. Le second problème est celui de la simplicité divine qu'il est difficile de concilier avec la multiplicité des aspects que seraient les puissances alors qu'il semble pourtant que la simplicité divine est au cœur de l'idée d'une transcendance radicale de Dieu.

Le nom de Bonté ou de Bien semble être le nom qui conviendrait le mieux à Dieu, et le raisonnement qui suit serait le même si l'on choisissait de nommer Dieu grâce au nom de Parfait. Dans les *Noms Divins* (I, § 2) du Pseudo-Denys, la bonté sert à nommer le Dieu qui se révèle. De même au § 5, la bonté sert à dire le Dieu créateur se manifestant. D'où les formules comme « Bien au-delà de tous noms » où apparemment « Bien » est réellement un nom attribué à Dieu, le seul qui puisse réguler le discours qui refuse par ailleurs la nomination. Or, cet usage de « Bien » semble être affirmatif. Dire de Dieu qu'il est la bonté, sans confondre Dieu avec quelque chose de bon par participation, ni avec la bonté intelligible participée, permet toute une série d'affirmations déduites de l'affirmation fondamentale de la bonté de Dieu ou qu'est Dieu. Sans dire que la bonté est une propriété divine, il faut au moins dire que la bonté qu'est Dieu et que nous concevons et affirmons, a une signification ontologique, celle de réguler les attributions de noms à partir de ce qui convient de dire et par rapport à ce qu'*est* Dieu. En Dieu, quelque chose doit justifier cette affirmation qu'il est le Bien au-delà de l'être. Néanmoins, et fort logiquement si l'on peut dire, Denys use de formules radicales et difficiles à inclure dans une conception équilibrée du discours sur Dieu au-delà de l'être.

> Même quand nous l'appelons Bien, ne croyons pas que ce nom lui convienne, mais il nous faut bien concevoir et exprimer quelque chose de son indicible nature et nous lui consacrons d'abord le plus vénérable des noms.[1]

---

1. Pseudo-Denys L'Aréopagite, *Les Noms Divins*, 981a.

Il s'agit là d'une tentative désespérée pour éviter le silence sur Dieu mais aussi pour assurer une cohésion entre les différentes voies dont les limites comme la légitimité dépendent de l'affirmation que Dieu est le Bien et que ce Bien est au-delà de l'être. La raison pour laquelle le nom de Bien ne convient pas tient à ce que ce nom comme tout nom n'a de sens que par rapport à des biens limités. Un défenseur du paradigme maximaliste suggèrerait qu'il faut élargir la signification de ce terme par l'affirmation d'une bonté absolument parfaite pour Dieu. Ce n'est pas ce que veut ni ne peut dire Denys ou un super-transcendantaliste en général. Le nom de Bien ne convient pas car aucun nom ne peut jamais convenir. Mais pourquoi est-il légitime d'utiliser quand même le plus vénérable des noms ? Dans quel ordre prendre la justification de cet usage : la bonté de Dieu est-elle la justification de l'usage du plus vénérable des noms ou la nécessité de recourir au plus vénérable des noms nous fait-elle appeler Dieu le Bien et croire qu'il est le Bien ? Le premier cas est exclu car la suressence demeure, par définition en quelque sorte, inconnue. Dans le second cas, l'usage du plus vénérable des noms ne peut se faire que sur la base d'un concept que l'on juge approprié à Dieu et qui régule la nomination. On se trouve reconduit à la première possibilité en disant par exemple que Dieu étant absolument parfait ou infini, il faut utiliser le nom « le Bien ». Les noms de la voie affirmative comme le nom le plus vénérable sont justifiés parce que nous pouvons *affirmer* que Dieu est la bonté même ou bien qu'il est absolument parfait. Seule la reconnaissance de la bonté ou de la perfection qu'est Dieu permet d'exiger légitimement le plus vénérable des noms. Le recours à une telle affirmation centrale déséquilibre la conception de Dieu comme Bien au-delà de l'être et le super-transcendantalisme en général.

Le second problème du paradigme super-transcendantaliste est qu'il parait impliquer une conception de Dieu comme
absolument simple et qu'en même temps, pour des raisons
internes profondes, il suppose différents aspects en Dieu. Ces
raisons profondes sont de deux ordres : rendre pensable la
participation du croyant à la vie divine et justifier un discours
affirmatif de type conceptuel et philosophique sur Dieu. Si
certains noms sont dits légitimement de Dieu et que ces noms
ont pour référence des énergies ou puissances en Dieu, des
perfections divines, alors ces aspects de Dieu que sont ces
énergies ou puissances ne se confondent ni entre elles ni avec la
suressence. Par ailleurs, Dieu est non seulement le Bien mais le
Bien au-delà de l'être ou pour le dire autrement, il est l'Un
qui transcende le multiple. Penser Dieu comme absolument
simple semble aussi nécessaire que de penser la diversité de ses
aspects. Finalement, c'est l'articulation du participable et de
l'imparticipable, des énergies et de la suressence, de la légitimité de la voie affirmative et de celle de la voie d'éminence qui
ne parait pas assurée, sauf à clarifier le concept de simplicité
divine.

DIEU EST-IL ABSOLUMENT SIMPLE ?

La réflexion sur la nature de Dieu gagne donc à être posée à partir de la simplicité divine qui serait la meilleure expression de la perfection divine et l'occasion de décider de la viabilité du paradigme super-transcendantaliste. La simplicité est une notion scalaire, une entité peut être plus ou moins simple. La simplicité divine peut s'entendre en deux sens : soit absolument soit plus modérément. La simplicité absolue est incompatible avec la moindre complexité matérielle ou métaphysique, une entité est absolument simple si elle n'a aucune partie d'aucune sorte, tandis que la simplicité entendue en un sens plus modéré est incompatible avec la composition d'éléments pouvant être indépendants mais pas avec la complexité intrinsèque. Si Dieu est simple en un sens modéré, il a différentes perfections qui ne peuvent être séparées les unes des autres et qui s'impliquent réciproquement sans se confondre. La simplicité modérée n'est pas maximale et paraît donc insuffisante pour caractériser Dieu. Notre problème est alors de savoir si la simplicité absolue est plus qu'une possibilité conceptuelle et si elle peut caractériser la perfection divine ou bien s'il faut y renoncer et adopter une conception modérée de la simplicité.

Dieu est l'acte d'être parfaitement simple

Proposer des arguments pour l'absence de composition en Dieu consistent à montrer que Dieu ne peut pas être composé d'aucune manière. Suivons les arguments de Thomas d'Aquin[1]. La première absence de composition étudiée est la plus simple à refuser. Dieu n'est ni un composé de parties matérielles ni un composé de parties quantitatives ou étendues, Dieu n'a pas à proprement parler de corps même si l'on a pu parler du monde comme du corps de Dieu tout en supposant que Dieu n'est pas matériel, ce que nous avons discuté à propos du panthéisme.

Mais Dieu pourrait être une substance spirituelle composée d'un point de vue métaphysique et non physique. Ainsi, on pourrait supposer qu'en Dieu, il existe une différence entre sa puissance et son acte ou sa forme tout comme il existe une différence entre la potentialité de Socrate enfant à être philosophe et son actualisation. Thomas refuse une telle différence en Dieu puisque Dieu ne peut manquer de rien et n'est pas un être inaccompli. Nous reviendrons sur ce point à propos de l'éternité divine dans la section suivante.

Dieu serait donc une pure essence, il n'a pas une essence incomplètement actualisée mais pour exister, on pourrait considérer que cette essence a besoin d'un acte d'être supplémentaire ce qui introduirait une composition en Dieu. S'il est évident que Dieu ne reçoit pas son existence, peut-on dire qu'il se la donne ? Si un être devait se donner son existence comme cause de soi, il n'existerait pas et se ferait être, il serait la cause inexistante de son existence. Qu'une entité inexistante puisse

---

1. Thomas d'Aquin, *Somme Théologique*, Paris, Le Cerf, 1984, I, q 3, et *Somme contre les Gentils I*, trad. C. Michon, Garnier-Flammarion, 1999, chap. 18. Pour une discussion argumentée de Thomas, voir C. Hughes, *A complexe theory of a simple God*, Ithaca, Cornell University Press, 1989.

être une cause parait absurde. Dieu qui est parfaitement en acte et premier n'a pas besoin de se donner l'existence à partir d'une essence non actualisée. Thomas conclut donc que Dieu ne reçoit pas l'existence car, par nature, rien ne peut lui être additionné, il est complet. L'indépendance ou aséité[1] divine est ici défendue mais pas encore la simplicité. Il faut ajouter une thèse fondamentale qui est peut-être le sens le plus important de la simplicité divine : Dieu est son *esse*-même, son existence et son essence sont identiques.

> L'existence est l'actualité de toute forme ou nature ; en effet, dire que la bonté ou l'humanité, par exemple, est en acte, c'est dire qu'elle existe. Il faut donc que l'existence soit à l'égard de l'essence, lorsque celle-ci en est distincte, ce que l'acte est à la puissance. Et comme en Dieu rien n'est potentiel, ainsi qu'on l'a montré, il s'ensuit qu'en lui l'essence n'est pas autre chose que son existence. Son essence est donc son existence.[2]

Dans le créé, chaque essence reçoit l'existence et dépend d'un acte d'exister pour s'actualiser mais Dieu est son acte d'être. L'identité de l'existence et de l'essence parait donner la meilleure définition de la simplicité absolue. L'existence comme acte singulier d'exister ne semble pas porteuse de propriétés réelles, on ne dira pas de tel acte d'exister qu'il est jaune, grand, lourd, sage etc. Si Dieu n'est que son existence, si son essence n'est que son existence, il semble bien inanalysable comme l'est l'acte d'exister. Cependant l'argument semble confondre deux points : 1) Dieu n'actualise rien en lui et il existe toujours conformément à son essence et 2) l'essence de Dieu n'est rien d'autre que le pur acte d'exister. Si le deuxième point est une forme de simplicité radicale, seul le premier

---

1. L'aséité est l'existence par soi de Dieu, ce qui n'implique pas du tout que Dieu est cause de soi mais bien plutôt qu'il est suprême.

2. Thomas d'Aquin, *Somme théologique*, I, q 3, a 4, ccl 2.

est défendu par la distinction de l'existence de Dieu et de l'existence du créé. Dire que Dieu ne reçoit pas l'existence et que Dieu ne connaît pas d'actualisation progressive de son essence ne fait que souligner l'aséité de Dieu et ne prouve pas sa simplicité absolue c'est-à-dire l'identité entre l'essence et l'existence et la simplicité de l'essence.

Indépendance et simplicité

On trouve chez Thomas deux autres arguments pour la simplicité absolue, arguments qui montrent que si Dieu n'est pas absolument simple alors il est dépendant d'une autre entité supérieure à lui, ce qui est inacceptable.

Le premier argument est une reformulation du problème de l'aséité et de la dépendance.

> Tout composé est postérieur à ses composants et dans leur dépendance ; or, Dieu est l'être premier, comme on l'a fait voir [1].

Le second argument porte sur la cause unifiante des composés et donc sur l'unité entre les composants qui introduit toujours, selon Thomas, une extériorité entre la cause unifiante et les composants, extériorité trop forte pour caractériser Dieu.

> Tout composé a une cause ; car des choses de soi diverses ne constituent un seul être que par une cause unifiante. Or, Dieu n'a pas de cause, ainsi qu'on l'a vu, étant première cause efficiente [2].

Examinons d'abord les présupposés du premier argument. La postérité du composé par rapport aux composants semble rendre Dieu dépendant de ses composants comme si Dieu était

---

1. *Somme théologique*, I, q 3, a 7, sol 2.
2. *Somme théologique*, I, q 3, a 7, sol 3.

la réunion de ses composants, réunion postérieure logiquement à l'existence indépendante, au moins en puissance, des composants. Si Dieu est dit dépendant de ses composants et que la composition est *a posteriori*, il semble que les composants ne sont pas essentiellement et existentiellement dépendants de Dieu. Cependant si contrairement à Thomas, on pense que les composants n'ont pas d'existence possiblement séparée, ils ne seront pas flottants, même en puissance. Il n'y a donc pas à proprement parler de problème de composition ou d'unification *a posteriori* pour un défenseur de la simplicité modérée selon laquelle Dieu peut être un complexe de perfections absolument indécomposables.

Cependant, on voit mal comment Thomas n'aurait pas vu que l'absence de décomposition de Dieu, le premier être, en entités individuelles ne prouve pas que Dieu n'est pas composé de parties non substantielles. Son raisonnement repose en réalité sur un principe affirmé et tenu pour évident, mais sans examen assez approfondi.

> Tout composé est en puissance de dissolution, en raison même du fait qu'il est composé, quoique chez certains, il y ait quelque chose d'autre qui s'oppose à la dissolution [1].

La différence entre une distinction fondée dans la chose mais dont les composants ne peuvent pas exister séparément sauf dans l'esprit, par abstraction, et une distinction réelle de composants pouvant être séparés même si de fait ils ne le sont pas n'est pas vue par Thomas. S'il n'y a pas de décomposition possible, il n'y a pas à chercher une cause de la composition qui serait extérieure aux composants. Il est inutile de chercher la cause extérieure de l'unité d'entités dépendantes inséparables puisque par définition, elles ne sont que par leur unité. Aucune

---

1. *Somme contre les Gentils*, I, 18, 4.

cause n'est nécessaire pour réunir d'éventuelles parties contingentes car, dans le cas de Dieu, s'il a des parties, elles sont nécessairement unies et inséparables. Il faudra donc étudier une différenciation interne qui n'aurait aucun sens si elle était pensée comme une différence externe, c'est-à-dire discrète, même virtuelle ou potentielle. La non-identité n'est pas la séparabilité, il peut exister une inséparabilité dans tous les mondes possibles, une inséparabilité hors du champ d'action même d'un être tout puissant. Comme nous le verrons, Duns Scot nomme cette non-identité la distinction formelle, une différence fondée dans la chose mais sans introduire de composition entre des entités réellement séparables.

Le défenseur de la simplicité absolue peut néanmoins montrer que poser la simplicité absolue plus des principes sémantiques adéquats comme l'analogie permet de tenir à la fois 1) la détermination du concept de Dieu comme parfait car absolument simple au-delà des différences propres au créé et en même temps 2) de justifier les attributions de différentes perfections qui semblent impliquer une diversité d'attributs.

Simplicité et analogie

Le recours à l'analogie permet de dire que dans « Dieu est bon », aucune bonté différente de sa puissance n'est attribuée contrairement à ce que l'on fait en disant « Jean est bon et puissant » qui suppose une différence entre la bonté et la puissance de Jean. « Bon » comme « puissant » n'ont pas de sens par référence à des propriétés séparées en Dieu mais ont un sens analogique par rapport à l'usage courant, sens qui se concilierait avec la simplicité divine absolue. Le problème est qu'il est difficile de dire qu'elle forme prend l'analogie dans le cas du discours sur les perfections divines.

En ce qui concerne le discours sur Dieu, les commentaires thomistes distinguent en général l'analogie de proportion et l'analogie d'attribution. L'analogie de proportion est une analogie entre la manière d'être de la perfection en Dieu et la manière d'être de la perfection dans le créé. Dieu serait par rapport à sa bonté comme un être fini l'est par rapport à la sienne. La formule exprimant cette analogie serait $\varphi(D)/\varphi(c) = D/c$, avec D pour Dieu, c pour un être créé et φ pour une perfection. La relation de Dieu au créé D/c serait proportionnelle à la relation de la relation entre Dieu et un attribut divin $\varphi(D)/D$ et la relation entre un objet créé et son attribut $\varphi(c)/c$. Cette forme d'analogie permet simplement de souligner qu'avoir toutes les perfections est différent d'avoir des propriétés à un degré de perfection moindre. Néanmoins, si l'on ajoute que Dieu est absolument simple, alors cette forme d'analogie parait clairement impossible à utiliser. Si Dieu est absolument simple, alors Dieu est identique à toutes ses perfections, c'est-à-dire que $D = \varphi(D)$, ce qui mène à $c = \varphi(c)$, ce qui est absurde, une créature ne peut être identifiée à chacune de ses propriétés.

Thomas a conscience des limites d'une telle analogie de proportions et considère que seule l'analogie d'attribution qu'il nomme aussi « proportion », vaut pour Dieu.

> Proportion se dit en deux sens : d'une part pour exprimer un rapport quantitatif ; ainsi le double, le triple, ou l'égal sont des espèces de proportions ; d'autre part, toute relation d'un terme à un autre est appelée proportion. En ce sens, il peut y avoir proportion de la créature à Dieu, car elle est avec lui dans la relation d'effet à cause et de puissance à acte. L'intellect créé peut ainsi être proportionné à Dieu pour le connaître. [1]

Ainsi « proportion » qui permet d'abord de désigner une relation quantitative relevant des mathématiques a aussi un

---

1. Thomas d'Aquin, *Somme Théologique*, I, q 12, a 1, sol 4.

second sens qui est de désigner une relation entre deux termes et notamment la relation de cause à effet. La difficulté est qu'il est difficile voire impossible de rapporter l'analogie attributive utilisée à propos de Dieu à une forme d'analogie attributive connue et servant de modèle pour penser l'analogie dans le cas de Dieu. L'analogie qui nous intéresse ne peut pas être une analogie par rapport à un terme extérieur comme pour « sain » qui se dit de ce qui est sain ou de la cause de la santé car il n'y a pas de terme extérieur au créé et à Dieu capable d'assurer une analogie d'attribution par rapport à un terme extérieur. Dieu n'est pas sage comme Socrate est sage parce qu'un troisième terme comme la sagesse en soi, supérieur à Dieu et à Socrate, serait ce par quoi Dieu et Socrate sont sages. Si tel était le cas, Dieu ne serait plus premier.

Reste l'analogie d'attribution intrinsèque, c'est-à-dire une analogie à deux termes selon un ordre. L'ordre lui-même peut prendre deux formes : 1) soit l'ordre de la nomination et l'ordre dans les choses diffèrent, le nom étant donné en premier à une chose puis étendu à une autre qui est première dans l'ordre de l'être, 2) soit l'ordre de la nomination suit l'ordre dans les choses, le nom nommant d'abord ce qui est premier dans l'être puis ce qui est lié mais second. Le cas 1 correspond à l'usage de « sain » pour désigner d'abord l'animal guéri puis le remède alors que le remède est la cause qui vient avant la guérison. Le cas 2 correspond l'usage de « étant » qui est d'abord attribué à la substance puis à l'accident, ce qui respecte l'ordre des choses car la substance est ce qui est avant ce qu'on lui attribue. Seul le cas 1 est valable pour Dieu puisque Dieu n'est connu que par ses effets et non directement ou en premier, tout comme le caractère sain du remède qui est premier dans l'ordre de l'être est connu en second, par le caractère sain de son effet, c'est-à-dire la guérison. Mais dire du remède qu'il a la santé est impropre puisque c'est l'animal qui est véritablement sain.

Appliqué à Dieu, cela signifierait que les noms de perfections se diraient en priorité du créé, ce qui est faux puisque cela sous-entendrait que Socrate est vraiment sage mais pas Dieu alors que la théorie de l'analogie vise au contraire à montrer que Dieu est sage au plus haut point contrairement à n'importe quel être humain, y compris Socrate. Donc l'exemple de l'attribution intrinsèque où l'ordre de la nomination et l'ordre de l'être diffèrent n'est qu'analogique avec ce qui vaut pour Dieu[1]. Il s'agit d'un usage analogique de l'analogie. Qui plus est, tous les modèles de prédication analogique comparent des termes sur la base de relations entre l'entité, sa nature et ses propriétés. Si Dieu est dit absolument simple, les relations qui servent d'arrière-plan pour l'analogie, disons courante, manquent puisque l'on refuse de distinguer trois aspects comme l'entité que serait Dieu lui-même, sa nature ou essence et ses propriétés comme l'omniscience, l'omnipotence, la bonté etc. Si l'on dit que le remède est sain comme l'animal guéri est sain, l'on prédique «être sain» à des substances en fonction de propriétés de ces substances. Pour Dieu, la dualité catégorielle substance/propriété ne valant pas selon le défenseur de la simplicité absolue, il faut prédiquer des noms de perfections alors même qu'il n'y aura pas d'attribution. On comprend donc que l'on peine à voir comment s'articulent précisément analogie et simplicité chez Thomas.

Simplicité et vérifacteurs

Une tentative récente de conciliation de la simplicité absolue et d'une sémantique capable de rendre compte de la

1. Voir A. Patfoort, « L'Analogie dans la Pensée de S. Thomas D'Aquin », *Revue des Sciences Philosophiques et Théologiques*, 1992, 76(2) ainsi que C. Michon dans son introduction à la *Somme contre les Gentils, op. cit.*, p. 120 et A. de Libera, *La philosophie médiévale*, Paris, P.U.F., 1992, p. 409.

diversité des prédications à propos de Dieu a été proposé par Jeffrey Brower et mérite d'être examinée[1].

Pour comprendre la vérité d'une proposition prédicative, on peut utiliser la théorie des vérifacteurs (*truthmakers*)[2]. Cette théorie permet de bien distinguer 1) ce qui est vrai, ce qui porte la vérité, une proposition ou un énoncé par exemple, et 2) ce en vertu de quoi une proposition est vraie, une entité qui la rend vraie, le vérifacteur. Une entité peut par elle-même rendre vraies des propositions existentielles et des prédications intrinsèques. Socrate rend vraies les propositions *Socrate existe* et *Socrate est humain*. On le voit, contrairement à une théorie de la vérité-correspondance, la théorie des vérifacteurs ne suppose pas que la structure de la proposition reflète la structure de la réalité. Même si la proposition *Socrate existe* semble distinguer Socrate et son existence, une seule entité suffit à rendre vraie la proposition, à savoir Socrate lui-même. De même, Socrate serait l'entité qui rend vraies *Socrate est humain* et *Socrate est assis*. Cependant, si Socrate est intrinsèquement humain et intrinsèquement philosophe, ne faut-il pas supposer deux vérifacteurs distincts, l'humanité de Socrate et l'être philosophe de Socrate qui ne se confondent pas. L'idée de Brower est que, malgré les apparences, une entité simple pourrait être le vérifacteur de plusieurs propositions intrinsèques. Dieu n'est pas comme Socrate qui est composé et donc Dieu pourrait rendre vraies plusieurs propositions prédicatives intrinsèques tout en étant absolument simple. C'est le même Dieu absolu-

---

1. La dernière version de cette théorie se trouve dans J. Brower, « Simplicity and Aseity » *in* T. Flint et M. Rea (eds.), *The Oxford Handbook of Philosophical Theology*, Oxford, Oxford University Press, 2009.

2. Pour une présentation synthétique de la théorie des *truthmakers* voir G. Rodriguez-Pereyra, « Truthmakers », *Philosophy Compass*, 2006, 1/2, p. 186-200.

ment simple qui rend vraies *Dieu est bon* et *Dieu est tout puissant.*

Mon objection est la suivante : la théorie des vérifacteurs exige un grain fin dans la recherche des vérifacteurs. Un vérifacteur minimal est l'entité la plus fine qui rende vraie une proposition, celle dont aucune partie ne rend vraie la même proposition et qui peut rendre compte de la vérité de la proposition. Ce n'est pas Socrate qui est le vérifacteur minimal de *Socrate est un être humain* mais l'humanité de Socrate quelle que soit la théorie que l'on a de cette propriété ou état de choses qu'est *Socrate étant humain*. On ne peut pas exempter l'usage des vérifacteurs de cette exigence. Affirmer qu'une entité sans aucune composition suffit à rendre vraies différentes propositions apparemment irréductibles les unes aux autres mène donc à un dilemme sans bonne solution.

1) La première option est de montrer que les différentes attributions sont finalement équivalentes ce qui permet d'expliquer pourquoi une seule entité les rend vraies. Dire que Dieu est parfaitement bon serait finalement dire que Dieu est tout-puissant et donc qu'une seule entité absolument simple, Dieu, suffit à rendre vraies ces deux affirmations qui disent la même chose. Mais si l'on n'utilise pas d'analogie en suivant les critiques de la section précédente, dire que Dieu est parfaitement bon revient à attribuer la bonté à Dieu et ainsi la bonté de Dieu et la bonté de Socrate qui est bon à un degré moindre sont cospécifiques, de même espèce. Pour les mêmes raisons, il faut aussi dire que la puissance divine et la puissance de Napoléon sont cospécifiques. Si l'on ajoute que *Dieu est parfaitement bon* est équivalent à *Dieu est tout-puissant*, on doit conclure que la bonté de Socrate et la puissance de Napoléon sont cospécifiques, ce qui est plus que douteux.

2) La seconde option est de poser que Dieu est absolument simple et que les attributions de perfection à Dieu sont définiti-

vement irréductibles les unes aux autres. Il faut alors expliquer comment Dieu peut être le vérifacteur minimal de ces propositions intrinsèques irréductibles les unes aux autres. Ces propositions sont reconnues comme ne décrivant pas le même aspect de Dieu et pourtant, il serait possible de nier cette diversité d'aspects dans l'explication de la vérité de chacune de ces propositions, explication qui fonde la vérité dans l'être même de la chose désignée. C'est justement l'importance de la recherche des vérifacteurs minimaux qui est niée alors même qu'elle est partie intégrante de la théorie des vérifacteurs. Il me semble que l'on ne peut recourir à cette théorie en niant l'exigence de minimalité des vérifacteurs [1].

La simplicité modérée et la complexité du Dieu parfait

Contre la simplicité absolue défendue par Thomas, Duns Scot défend la possibilité d'une différence formelle entre les perfections divines. Dans l'infinité parfaite de Dieu, il est possible de distinguer des perfections qui ne sont pas identiques mais qui ne sont pas non plus des composants séparables. Grâce à cette reformulation de la simplicité en un sens modéré, le paradigme maximaliste pourrait être reformulé en posant que la perfection divine consiste en une infinité indécomposable de perfections : Dieu est l'être qui a toutes les perfections. Dans la seconde partie, cette reformulation fera l'objet du commentaire du texte Leibniz. Je laisse donc provisoirement ouverte cette question afin de continuer à examiner les caractérisations de Dieu, notamment le rapport au temps.

---

1. Qu'on me permette de renvoyer à mes deux articles sur la question : « le défi de la simplicité divine pour le théiste réaliste », *Igitur*, 2009, 1, p. 1-17 et « The deadlock of Absolute Divine Simplicity », *International Journal for Philosophy of Religion*, 2012, vol. 72.

DIEU EST-IL DANS LE TEMPS
OU AU-DELÀ DU TEMPS ?

L'accusation d'anthropomorphisme devient particulièrement importante quand on aborde la question du rapport de
Dieu au temps puisqu'il s'agit de penser à la fois la vie divine
puisque Dieu n'est pas seulement une entité abstraite et la
différence radicale du créé et du créateur. On distinguera entre
deux conceptions de l'éternité divine : 1) l'atemporalisme
selon lequel seule une éternité atemporelle est conforme à la
perfection et à la transcendance de Dieu par rapport au temps
des créatures[1] et 2) le temporalisme selon lequel l'éternité est
un temps sans fin ni commencement de Dieu et qui considère
que cette conception de l'éternité est plus adéquate pour rendre
compte de tous les attributs divins. On a pu parfois reconnaitre
dans cette opposition une opposition entre une conception grecque de Dieu inspirée en particulier du platonisme
selon laquelle le temps (comme le corps) serait indigne de la
perfection divine et une conception plus biblique ou religieuse
en général selon laquelle Dieu vit dans un temps sans borne et

---

1. Voir Augustin, *Les Confessions*, Paris, Gallimard, 1998, XI, 6s.; voir
aussi P. Helm, *Eternal God : a Study of God without Time*, Oxford, Oxford
University Press, 2ᵉ éd., 2010.

ainsi se lie à l'histoire humaine. Autant l'opposition entre éternité atemporelle et éternité temporelle est éclairante comme nous allons le voir, autant l'opposition entre conception grecque et conception religieuse de la temporalité divine est trop massive pour être pertinente et il est préférable de ne pas l'introduire trop tôt dans le débat philosophique [1].

Il semble en première approximation que dire que Dieu existe à travers le temps, même si ce temps est infini, revient à faire fi de la perfection divine car le temps est le signe de l'imperfection, de l'altération, de la non-identité à soi. Le défenseur de l'atemporalisme peut se prévaloir apparemment d'une meilleure prise en compte de la perfection divine tandis que le temporaliste devrait faire face à un problème de cohérence en introduisant Dieu dans le temps et ainsi en lui faisant perdre son excellence. Mais l'atemporalisme doit aussi affronter un problème de cohérence puisqu'il n'est pas si évident d'articuler un Dieu créateur hors du temps et sa création dans le temps.

La thèse de l'éternité atemporelle

Situer Dieu hors du temps ne signifie pas nécessairement refuser tout usage des termes temporels, notamment ceux liés au présent. Ainsi l'éternité hors du temps de Dieu n'est pas la marque d'un être qui n'aurait pas de commencement ni de fin dans le temps mais celle d'un être qui est hors du temps et donc jouit de lui-même dans un accomplissement total, immuable. Pour comprendre cette éternité atemporelle de Dieu, on a

---

1. À titre d'exemple de cette difficulté à distinguer l'influence de la philosophie grecque et l'influence religieuse, on peut voir que saint Augustin qui est une des grandes figures classiques de l'éternité atemporelle introduit l'éternité divine à partir d'une réflexion sur le *Logos* créateur, c'est-à-dire à partir d'une méditation sur la seconde personne de la Trinité désignée depuis l'Evangile de Jean par un terme central de la philosophie grecque.

souvent recours à l'idée d'un présent dans lequel Dieu rassemblerait tout son être, sa connaissance et sa volonté. Ainsi la simplicité divine en son sens absolu correspond bien à l'atemporalisme, Dieu n'a pas de partie temporelle ou de différenciation interne due au passage du temps. À la question « quand Dieu fait-il A ? », il faut donc répondre « de toute éternité ». Toutes les actions attribuées à Dieu sont, s'il s'agit d'événements, des événements dont l'unique date n'est pas un moment du temps mais l'éternité.

Les raisons de défendre l'atemporalisme peuvent être multiples. Nous avons vu le lien avec la simplicité mais c'est avant tout une conception négative du temps qui prédomine dans le choix de l'atemporalisme qui ainsi paraît être la seule option compatible avec la perfection divine. Être dans le temps, c'est être soumis au changement, changement qui est soit vers le meilleur soit vers le moins bon. Or Dieu est parfait, il ne peut devenir meilleur et ne peut perdre sa perfection absolue. Il est toujours déjà accompli en quelque sorte et ne subit pas le changement qui marque la contingence. Dieu n'est même pas identique à soi à travers le temps puisqu'il subirait la succession des instants et qu'il serait séparé de son passé et de son futur. Il ne s'agit pas de dire que Dieu aurait des regrets ou vivrait nécessairement le passage du temps de manière négative. Le problème n'est pas l'expérience du temps mais la fragmentation de la vie divine qu'introduit le passage du temps en Dieu et qui est incompatible avec sa perfection[1]. Dieu, s'il était dans le temps, ne vivrait plus l'épisode passé de sa vie qui est pourtant parfaite et il serait par là même dans un état de privation interne d'un élément de perfection.

---

1. Sur ce point voir B. Leftow, *Time and Eternity*, Ithaca, Cornell University Press, 1991, p. 278.

La cohérence de l'atemporalisme dépend néanmoins d'une certaine conception du temps car il faut pouvoir lier l'éternité divine et la temporalité du créé. On distingue depuis McTaggart entre les conceptions du temps selon lesquelles l'ordre des positions dans le temps se fait en fonction des propriétés *être passé*, *être présent* ou *être futur* (séries A) et les conceptions selon lesquelles les positions sont ordonnées par les relations d'antériorité ou de simultanéité (séries B)[1]. Ainsi, on peut dire que je suis né avant ma fille mais après sa mère (série B) ou que ma naissance est dans le passé de la naissance présente de ma fille mais que ma naissance était dans le futur de la naissance présente de sa mère (série A).

L'atemporaliste semble avoir tout intérêt à adopter une conception-B du temps. Dieu qui serait hors du temps crée un univers dans lequel les événements sont ordonnés selon les relations d'antériorité et de simultanéité[2] et ces séries-B sont éternellement « présentes » en Dieu. À l'inverse, si l'on adopte une conception-A du temps, cela impliquerait que Dieu contemple « le passage du temps », l'accroissement du passé et le changement incessant du présent, et donc qu'il change parce qu'il connait à différents moments différents événements, au fur et à mesure de leur occurrence. L'immuabilité divine qui est indissociable de l'atemporalisme interdit que Dieu soit affecté, d'une manière ou d'une autre, par le cours du temps mais si les seules relations temporelles sont l'antériorité et la simultanéité, les événements de l'univers sont reliés entre eux par ces

---

1. Voir McTaggart, « L'irréalité du temps » (1908) dans S. Bourgeois-Gironde, *McTaggart : temps, éternité, immortalité*, Paris, Les éditions de l'éclat, 2000, p. 91-117.
2. Il faudrait des aménagements théoriques pour maintenir la cohérence entre l'idée de simultanéité utilisée ici et la théorie de la relativité.

relations alors que Dieu n'est pas relié à eux par ces relations temporelles.

La relation entre Dieu et les événements de l'univers paraît être une relation de simultanéité. Tout comme il est possible de contempler différents points de l'espace à partir d'un point fixe, par exemple en allant en haut de l'Empire State Building pour contempler le sud de Manhattan d'un seul coup d'œil, Dieu contemple tout l'univers et toute l'histoire de l'univers d'un seul coup d'œil. Plus précisément encore, tout comme nous pouvons voir quelque chose se déplacer lors d'une expérience du présent sûrement de très courte durée, à la différence de suivre le long déplacement d'une chose, Dieu voit dans un seul présent tous les événements du temps. Tous les événements sont donc simultanément contemplés de son point de vue éternel. Cependant, Kenny a souligné une difficulté importante pour l'atemporalisme qui veut penser cette simultanéité de tous les événements dans l'éternel présent de Dieu[1]. Si l'événement E à t est connu simultanément à l'événement E' à t', avec t différent de t', alors il faut dire que E et E' sont simultanés. En effet, E est simultané avec C la connaissance de E et E' est simultané avec C' la connaissance de E'. C et C' sont simultanées voire identiques, donc par transitivité de la relation de simultanéité, E et E' sont simultanés alors que E et E' ont lieu à des temps différents (par hypothèse). Donc l'atemporaliste doit fournir une explication de la simultanéité et plus généralement de la relation entre Dieu et l'univers, explication qui rende compte d'une relation possible entre l'éternité et le temps.

Tel est l'objet de l'important article « Eternity » de Stump et Kretzmann dont le point essentiel consiste à distinguer entre une simultanéité entre événements temporels et une simulta-

---

1. A. Kenny, *The God of the Philosophers*, Oxford, Oxford University Press, 1979, p. 38-39.

néité dite simultanéité-ET, entre un Dieu éternel et un événement temporel[1]. Le présent divin, éternel et atemporel du point de vue duquel tous les événements de l'univers sont simultanés n'est pas un événement temporel du point de vue duquel un autre événement temporel peut être simultané. Si tout est présent pour Dieu, tout n'est pas *temporellement* présent pour Dieu. Stump et Kretzmann comparent la différence des simultanéités avec la différence des référentiels dans la théorie de la relativité. Ainsi, ils peuvent bloquer la transitivité que critiquait Kenny. Si E dans le temps est simultané-ET avec un événement en Dieu, si E' dans le temps est simultané-ET avec un événement en Dieu et si E et E' ont lieu à des temps différents, rien n'indique qu'ils soient temporellement simultanés. Ils ne peuvent pas non plus être simultané-ET puisque cette relation suppose un *relata* éternel et un *relata* temporel alors que E et E' sont par hypothèse tous les deux temporels.

Comme toute solution astucieuse, l'idée de Stump et Kretzmann pose de nombreux problèmes. Tout d'abord, la comparaison avec la relativité du référentiel en physique n'a rien d'évidente. En physique, la simultanéité ne peut être assignée que relativement à un observateur et donc deux observateurs ne tombent pas systématiquement d'accord sur ce qui est ou non simultané. Pourtant dans le cas de la simultanéité-ET, il semble que la relation soit posée absolument, indépendamment de l'observateur car elle est pensée identiquement que l'on soit Dieu ou une créature ; la simultanéité-ET relie les événements temporels et Dieu quel que soit le point de vue adopté.

Ce qui pose question dans les analyses de Stump et Kretzmann qui sont en cela exemplaires d'une difficulté de

---

1. L'article est traduit dans C. Michon et R. Pouivet (éd.), *Philosophie de la religion*, « Textes clés », Paris, Vrin, 2010, p. 65-91.

toute forme d'atemporalisme, est le recours aux analogies. L'éternité est pensée comme un présent et on y parle de simultanéité mais pas entre événements temporels. Stump et Kretzmann suggèrent même qu'il y aurait une durée sans changement en Dieu afin de distinguer l'éternité d'un simple point fixe et sans vie. Parler d'une durée éternelle sans change- ment paraît bien nécessaire pour continuer à parler de Dieu comme d'une personne vivante mais cette expression souligne aussi les difficultés à donner un sens précis à l'éternité. Il en va de même pour le recours à la notion de simultanéité, incluse dans la simultanéité-ET, qui ne serait pas synonyme d'avoir lieu au même moment. Ces difficultés ne sont pas en elles-mêmes un problème s'il s'agit simplement de dire d'un point de vue temporel qui est le notre ce qu'est la vie atemporelle de l'être parfait, elles sont simplement la marque de la difficulté à déter- miner de manière univoque toutes les propriétés associées au concept de Dieu. Néanmoins, ces difficultés deviennent un sérieux problème pour l'atemporaliste s'il doit répondre à une objection d'incohérence car son argumentation reste floue et imprécise.

La thèse de l'éternité temporelle de Dieu

Le temporaliste ne considère pas que Dieu transcende le temps comme il transcende l'ensemble du créé. Le temporaliste n'a cependant pas la tâche facile car il ne doit pas négliger la perfection divine tout en donnant un sens à l'inscription de Dieu dans le temps. Il faut immédiatement préciser que le temps ne peut être pensé comme une réalité substantielle qui précèderait logiquement ce qui est dans le temps car Dieu en dépendrait[1]. Si le temps est conçu comme substantiel, alors les moments du temps sont indépendants des événements qui ont lieu à ces moments. La vie divine se déroulerait dans le temps au sens où elle aurait lieu à des moments préexistants alors que Dieu devrait créer ses moments pour être parfaitement souverain. Le temporaliste devra donc considérer que les moments du temps dépendent des événements qui arrivent, et non l'inverse, et ainsi Dieu est exempté de toute dépendance par rapport au temps. Dieu a toujours été dans le temps signifie qu'il y a toujours des vérités temporellement marquées à propos de Dieu (il est *toujours* vrai que Dieu est omnipotent) et non que Dieu est inclus dans une entité plus englobante que serait le temps substantialisé.

Que Dieu ne dépende pas du temps ne suffit cependant pas à montrer qu'un Dieu présent à tous les instants est parfait. En effet, si Dieu est dans le temps au sens où nous l'avons dit, il est susceptible de changements. Il n'est donc pas immuable or l'atemporaliste souligne 1) que le changement, positif ou négatif, est signe d'une imperfection et 2) qu'un Dieu qui est dans le temps est un Dieu dont la vie est fragmentée. Concernant le premier point, Swinburne[2] propose de distinguer l'immutabilité au sens fort et l'immutabilité au sens faible. Au sens fort, un être est immuable s'il ne change absolument pas, sous aucun aspect. Au sens faible, un être immuable personnel comme Dieu ne change pas de caractère bien qu'il puisse changer soit dans ses relations soit même dans ses propriétés intrinsèques. Dieu peut changer dans ses relations comme

---

1. Voir D. Zimmerman, « God Inside Time and Before Creation » dans G. Ganssle et D. Woodruff (eds.), *God and Time : Essays on the Divine Nature*, New York, Oxford University Press, 2002.

2. Swinburne, *The Coherence of Theism*, Oxford, Clarendon Press, 1993, p. 219-223.

lorsque Dieu est d'abord l'objet de pensée d'Abraham puis lorsqu'il ne l'est plus : il sort de la relation *être l'objet de pensée d'Abraham*. Dieu peut aussi changer intrinsèquement s'il veut faire A alors qu'il n'avait pas antérieurement cette volonté. Dans les deux cas, il reste parfait, il ne perd pas ses propriétés essentielles. Concernant le second point qui correspond à l'argument de la fragmentation de la vie divine étudié précédemment, la différence entre endurantisme et perdurantisme est éclairante. Pour éviter la fragmentation de la vie divine, il faut reconnaître que Dieu ne perdure pas à travers le temps grâce à ses parties temporelles se succédant et composant son être mais il endure, il est toujours le même à chaque instant du temps. On ne peut donc pas penser que sa vie est fragmentée à cause du passage du temps s'il est entièrement présent par ce qu'il a d'essentiel à chaque moment du temps.

Quelles sont alors les raisons de penser que Dieu existe durant un temps infini et non hors du temps ? La première est que Dieu est dit « vivant » et qu'à partir de ce que nous savons de la vie et des processus vivants, il faut penser que Dieu existe dans le temps. Mais les opérations qui font la vie divine comme la connaissance ou la volonté n'impliquent pas nécessairement une succession d'étapes. Dieu pourrait, de toute éternité, connaître et vouloir sans changement. Plus que la vie d'une intelligence ou d'une volonté immuable, c'est la vie d'un agent interagissant que met en avant le temporaliste. Dieu interagit avec le monde ou certaines créatures du monde. Il a créé le monde, il le soutient par une création continue et surtout il répond à des changements du monde. Il n'est peut-être pas incohérent de penser qu'une cause hors du temps puisse produire des effets dans le temps mais il faudrait montrer que la causalité ne présuppose pas nécessairement l'antériorité tout comme le coussin déformé par le poids qui est dessus ne subit pas un effet postérieur à sa cause [1]. Par contre, si l'on doit rendre compte de l'action de Dieu comme agent libre interagissant avec certaines créatures, l'atemporaliste est en position délicate. Un atemporaliste décrira l'interaction de la manière suivante : de toute éternité, Dieu a décidé que si X fait A alors il (Dieu) fera A' [2]. Swinburne [3] remarque avec raison qu'une telle description de l'action divine de toute éternité rend difficilement compte d'une vie divine et plus encore de la liberté divine. On ne pourrait plus parler des choix divins en réponse à des événements du monde si la volonté divine se trouve fixée de toute éternité.

À propos des choix divins dans une perspective temporaliste, Augustin soulève la difficulté suivante : si Dieu est dans le temps et crée à un moment du temps, pourquoi à tel moment plutôt qu'à tel autre ? [4] La décision de créer paraît arbitraire puisque dans le temps où Dieu est seul et sans création, on voit mal une raison qui le déciderait subitement à créer. Une solution serait de poser un monde créé de tout temps, coéternel à Dieu. Néanmoins, même si le créé n'existe que depuis un temps fini, il peut exister une raison pour Dieu de créer à tel moment plutôt que tel autre sans que cette raison soit nécessaire. Un choix libre selon une raison ne doit pas être compris comme issu d'une raison qui détermine la décision car

---

1. Voir M. Tooley, *Time, Tense and Causation*, Oxford, Oxford University Press, 1997, chap. 9.

2. L'usage du futur dans « Dieu fera A' » n'indique pas un événement futur ou une relation de postériorité car dans les deux cas, cela introduirait un aspect temporel en Dieu. L'atemporaliste montrera que nous ne savons pas parler de l'éternité divine sans utiliser des différences temporelles mais ces références n'ont qu'un sens analogique.

3. Swinburne, *The Coherence of Theism, op. cit.*, p 221-222.

4. Augustin, *Les confessions*, Livre XI, chap. x.

ce serait introduire une nécessité là où il faut rendre compte d'une liberté en un sens incompatibiliste.

On le voit, ce n'est pas seulement la question de la temporalité ou de l'atemporalité divine qui est ici en jeu mais aussi l'aspect personnel de Dieu qui comme agent entre en relation et interagit avec des créatures. L'atemporaliste verra probablement une forme d'anthropomorphisme dans la conception d'un Dieu agent interagissant avec le créé à travers le temps et comprendra la perfection divine comme exigeant une abstraction plus grande par rapport à nos modes de pensée et de discours qui insistent trop sur la temporalité de la vie, des personnes et des actions. À l'inverse le temporaliste refusera l'atemporalisme parce qu'il conçoit Dieu comme un principe (trop) abstrait et non comme une personne avec laquelle se lier. Le philosophe athée y verra peut-être alors le signe d'un péché originel dans la pensée de Dieu : soit la pensée de Dieu poussée à son comble, par son refus de l'anthropomorphisme, culmine dans l'affirmation qu'il y a un principe sans vie, un principe d'ordre ou une valeur surplombant l'univers mais qu'il est trompeur d'appeler « Dieu » car ce terme est trop marqué par son usage religieux ; soit la pensée de Dieu décrit Dieu comme un super-humain et tombe sous la critique la plus traditionnelle, celle qui déjà faisait que Socrate ou Platon se méfiaient des croyances religieuses de leur temps.

C'est pourquoi dans la suite de cet livre, je vais me concentrer sur deux questions. Tout d'abord grâce à un texte de Leibniz, je développerai une compréhension de la perfection divine comme possession de toutes les perfections, ce qui doit permettre d'éviter de réduire la pensée de Dieu à celle d'un principe trop abstrait. Ensuite, à partir d'un texte de Feuerbach, je discuterai l'accusation d'anthropomorphisme.

TEXTES ET COMMENTAIRES

TEXTE 1

Leibniz
Discours de Métaphysique, I [1]

1. *De la perfection divine et que Dieu fait tout de la manière la plus souhaitable.*

La notion de Dieu la plus reçue et la plus significative que nous ayons, est assez bien exprimée en ces termes que Dieu est un être absolument parfait, mais on n'en considère pas assez les suites ; et pour y entrer plus avant, il est à propos de remarquer qu'il y a dans la nature plusieurs perfections toutes différentes, que Dieu les possède toutes ensemble, et que chacune lui appartient au plus souverain degré. Il faut connaître aussi ce que c'est que perfection, dont voici une marque assez sûre, savoir que les formes ou natures qui ne sont pas susceptibles du dernier degré, ne sont pas des perfections, comme par exemple la nature du nombre ou de la figure. Car le nombre le plus grand de tous (ou bien le nombre de tous les nombres), aussi bien que la plus grande de toutes les figures, impliquent contradiction, mais la plus grande science et la toute-puissance n'enferment point d'impossibilité. Par conséquent la puissance et la science

---

1. Leibniz, *Discours de Métaphysique*, Paris, Vrin, 1994.

sont des perfections, et, en tant qu'elles appartiennent à Dieu, elles n'ont point de bornes. D'où il s'ensuit que Dieu possédant la sagesse suprême et infinie agit de la manière la plus parfaite, non seulement au sens métaphysique, mais encore moralement parlant, et qu'on peut exprimer ainsi à notre égard que plus on sera éclairé et informé des ouvrages de Dieu, plus on sera disposé à les trouver excellents et entièrement satisfaisant à tout ce qu'on aurait pu souhaiter.

COMMENTAIRE

LES PERFECTIONS DIVINES

Le point de départ leibnizien semble proche de la formule d'Anselme. Dire que Dieu est l'être absolument parfait (*ens perfectissimum)*, c'est à la fois dire ce qu'il est et dire comment il faut le penser. Il est ce qui est parfait et exempt de la moindre imperfection et donc il faut en considérer les conséquences de ce point de vue. Cette absolue perfection n'est pas un point aveugle désigné mais hors de notre portée, cette absolue perfection est celle d'un être infini qui est le sujet de toutes les perfections à leur suprême degré. Deux voies se rejoignent ici. Une voie *a priori* qui pose Dieu comme l'absolue perfection, c'est-à-dire qui pose Dieu indépendamment de tout autre être, y compris celui qui le pense, ce qui fait une différence notable par rapport à Anselme qui introduisait dans sa formule la désignation de Dieu relativement à sa conception. Cette voie *a priori* doit beaucoup à Descartes qui pense Dieu comme l'infini, indépendamment du fini et donc de l'indéfini. Mais cette infinité qui constitue la perfection divine doit aussi être reconnue à partir d'une voie *a posteriori* complémentaire de la voie *a priori*. Nous avons la connaissance empirique de perfections créées.

Nous avons l'expérience de la connaissance, de la volonté, de la bonté etc. Pour réunir ces deux voies, il faut alors opérer en deux temps : tout d'abord montrer que les perfections que nous connaissons empiriquement sont susceptibles d'un maximum et ensuite expliquer qu'elles peuvent être, à leur degré maximal, dans un même être, c'est-à-dire qu'elles sont compossibles.

Commençons par définir une perfection.

> Une perfection est ce que je nomme une qualité simple qui est positive et absolue, ou qui exprime sans limite ce qu'elle exprime[1].

Notons immédiatement qu'ici Leibniz parle des perfections divines et pas des perfections en général puisque comme le texte du *Discours de Métaphysique* l'indique, un être fini peut avoir une perfection mais à un degré limité. La simplicité d'une perfection signifie qu'elle est inanalysable et n'est donc pas la conjonction de plusieurs propriétés, ce qui sera essentiel pour l'argument de la compossibilité des perfections. Une perfection est aussi une propriété positive en ce qu'elle n'est pas la négation d'une autre propriété, elle n'est pas une privation, et avoir cette propriété positive n'implique aucune propriété négative. Enfin l'absoluité d'une perfection renvoie au degré infini de cette perfection : elle est l'expression parfaite d'une essence ou d'une puissance contrairement à ce qui est le cas pour une perfection à un degré fini dans un être fini. Cependant, cette caractérisation ne suffit pas encore à reconnaître ce que peut être une perfection divine puisque l'on pourrait imaginer un degré suprême de rouge et donc attribuer à Dieu cette

---

1. Leibniz cité par R. M. Adams, *Leibniz : Determinist, Theist, Idealist*, Oxford, Oxford University Press, 1999, chap. 4 et 5. Voir aussi F. Nef, « Perfection divine et propriétés positives », dans S. Bourgeois-Gironde, B. Gnassounou et R. Pouivet, *Analyse et Théologie*, Paris, Vrin, 2002.

perfection. Les propriétés positives sont des propriétés morales, non physiques, et la hiérarchie des êtres selon les degrés d'expression d'une essence ou puissance s'accompagne aussi d'un classement des êtres en fonction de leur bonté.

À l'opposé des perfections qui sont susceptibles d'un degré, il y a des propriétés ou qualités ayant une infinité de degrés sans maximum. Ainsi, il est absurde de chercher le plus grand des entiers naturels ou des nombres réels ou bien encore le plus grand des triangles ou la vitesse possible maximale[1]. Si une propriété est susceptible d'avoir un nombre indéfini de degrés, elle ne peut être une perfection car l'infinité divine n'est pas l'indéfini comme nous l'avons vu. Leibniz souligne alors que les perfections divines classiquement attribuées à Dieu comme l'omniscience et l'omnipotence admettent un maximum. C'est tout à fait possible mais encore faut-il y regarder de plus près.

DES ATTRIBUTS SANS CONTRADICTION ?

L'omnipotence et l'omniscience ont fait l'objet de sérieuses discussions dans la tradition que Leibniz n'ignorait pas mais aussi dans la philosophie contemporaine de la religion. Ces discussions peuvent avoir deux buts bien différents. Le premier est d'expliciter un point de doctrine à propos d'un attribut divin afin de répondre à la question : qu'est-ce qui est cru quand un croyant croit que Dieu est omnipotent ou omniscient ? Le second est de manifester une contradiction interne au théisme en produisant un argument contre l'existence de Dieu sous la forme suivante : Dieu est par définition F (omniscient ou omnipotent ou bien un autre attribut traditionnel), or être F est impossible, donc un être

---

1. On laisse de côté la question de la plus grande vitesse physique réalisable.

qui est par définition F est impossible, donc Dieu n'existe pas. Examinons donc la cohérence de l'omniscience et de l'omnipotence.

L'omniscience

La connaissance fait partie des perfections, il est meilleur de connaître que de ne pas connaître. Il s'agit donc d'une perfection intellectuelle. Avoir plus de connaissances paraît aussi meilleur que d'en avoir moins et le maximum de connaissances serait la connaissance parfaite. Mais ce maximum doit être analysé. Il n'est pas sûr que la connaissance maximale soit aussi simple que : pour toute proposition p, si p est vraie, alors Dieu sait que p. Pour le dire autrement, il n'est pas sûr que Dieu puisse savoir tout ce que sait n'importe quel sujet connaissant. En effet, certaines propositions semblent inconnaissables pour Dieu.

Les propositions qui contiennent une auto-référence comme *Jones sait qu'il est à l'hôpital* pour une personne amnésique, ayant oublié son nom, ne peuvent être traduites en propositions de la forme *Jones sait que Jones est à l'hôpital*, propositions connaissables par n'importe quel sujet[1]. Ainsi Dieu comme tout le monde reste à jamais ignorant de ces connaissances supposant un point de vue en première personne irréductible et ayant un mode de présentation qui n'est pas nécessairement accessible à tout sujet connaissant. La connaissance de Dieu n'est donc pas la connaissance de toutes les propositions vraies mais la connaissance de toutes les propositions

---

1. Il en va de même pour toutes les propositions indexicales, non seulement celles qui mentionnent "je" mais aussi celles qui mentionnent "ici" ou "maintenant". Voir N. Kretzmann, « Omniscience and Immutability » dans *Journal of Philosophy*, 1966, 63, p. 409-421, et la réponse de Swinburne, *The Coherence of theism, op. cit.*, p. 167-172.

vraies qu'il peut logiquement connaître. Est-ce insuffisant? Il semble que oui, à Dieu est attribuée la connaissance maximale et non une connaissance de propositions logiquement contradictoires. La limitation pour Dieu ne vient pas d'une limitation de son être qui serait imparfait mais bien de la situation de connaissance qui rend logiquement impossibles certaines formes de partage des connaissances.

Les autres propositions généralement reconnues comme posant un problème d'accessibilité à Dieu sont les propositions décrivant une action future libre. Il semble à première vue qu'étant donné que Dieu est infaillible, si Dieu sait par sa prescience que Jean fera cuire du bacon demain matin, alors nécessairement Jean fera cuire du bacon demain matin. Ce problème de prescience peut recevoir différents types de réponse selon la conception de la temporalité divine adoptée. Si Dieu est éternel, alors il faut refuser de dire que Dieu prévoit ou a la prescience que *Jean...* car Dieu ne *pré*-voit rien, ne sait à proprement parler rien *à l'avance*. Dieu sait de toute éternité que *Jean...* mais cela ne signifie pas que Jean nécessairement fera ceci ou cela. Si Dieu est temporel, deux options sont possibles. Soit Dieu n'a rien à connaître car il n'y a pas encore d'action choisie, Jean n'a pas encore allumé la plaque pour faire cuire les œufs et il peut encore librement ne pas le faire. Tant que l'action libre n'a pas eu lieu, la vérité de la proposition *Jean cuit ses œufs à t* n'est pas fixée et il n'y a pas de proposition à connaître. Soit la situation n'est pas que, dans le passé, Dieu savait que *Jean cuirait ses œufs à t* mais que la croyance de Dieu que *Jean cuirait ses œufs à t* est un fait dit souple, un fait relatif au passé comme au futur puisque que Dieu croit quelque chose avant que l'événement ait lieu. Un fait souple s'oppose à un fait dur entièrement déterminé par le passé. La prescience supposerait des faits souples et serait donc contingente, elle ne nécessiterait pas les actions libres. Je ne développerai pas plus longuement cette question qui illustre bien l'important travail que doit fournir un philosophe qui veut défendre la cohérence du théisme, non seulement la cohérence de l'attribut d'omniscience mais surtout la cohérence de deux thèses : il y a un Dieu omniscient et il y a un libre-arbitre chez l'être humain. Il est possible qu'abandonner le libre-arbitre ou mieux l'incompatibilité du libre-arbitre et de la nécessité soit une porte de sortie mais nous quitterions notre sujet en traitant de la nature de la liberté humaine[1].

L'omnipotence

L'omnipotence[2] pose un problème similaire à celui de l'omniscience dont la définition trop simple est incohérente. Pour comprendre la puissance de Dieu, il faut comprendre sur quoi s'exerce ce pouvoir. Dieu peut actualiser des états de choses. L'état de chose *Jean cuisant du bacon* n'est pas toujours actuel, il est parfois faux que Jean cuise du bacon. L'omnipotence serait le pouvoir d'actualiser tous les états de choses, non pas nécessairement de les actualiser tous en même temps, mais de pouvoir faire que, pour tout état de choses, cet état de choses devienne actuel. Cependant, il existe des états de choses impossibles comme *un cercle étant carré*. Hormis Descartes et peut-être quelques autres, personne n'a véritablement soutenu que Dieu pouvait actualiser des états de choses impossibles au motif assez raisonnable qu'un état de choses impossibles est par définition ce qui ne peut pas être actuel. Il faut donc préciser que l'omnipotence est la puissance d'actua-

---

1. Sur ces questions, voir C. Michon, *Qu'est-ce que le libre-arbitre ?*, Paris, Vrin, 2011, p. 87-106, et *Prescience et liberté*, Paris, P.U.F., 2004.

2. Sur l'omnipotence, voir O. Boulnois, *La Puissance et son Ombre : de Pierre Lombard à Luther*, Paris, Aubier, 1994, et P. Geach, « L'omnipotence » dans C. Michon et R. Pouivet (éd.), *Philosophie contemporaine de la religion*, *op. cit.*

liser n'importe quel état de choses possible. Se pose alors la question de l'actualisation des états de choses nécessaires comme *deux plus deux étant égal à quatre* qui, à l'inverse des états de choses possibles, semblent toujours déjà actualisés, indépendamment de toute actualisation par Dieu. Le problème se redouble si, en plus, cet ensemble d'*abstracta* que constituent les états de choses nécessaires existe par soi et s'impose à Dieu. Descartes croit voir une limitation de Dieu dans l'existence d'états de choses nécessairement actualisés ou, pour utiliser ses termes, dans l'existence de vérités éternelles et nécessaires. Mais, comme le dit Leibniz « l'entendement de Dieu est la région des vérités éternelles » (*Monadologie*, 43), les états de choses nécessaires ne s'imposent donc pas à Dieu, on peut néanmoins dire qu'ils sont éternellement affirmés par Dieu sans être créés, ils sont l'expression de la rationalité de son omnipotence. L'omnipotence est donc définissable comme le pouvoir d'actualiser tous les états de choses contingents.

Ces clarifications quant à la nature des états de choses actualisables ne suffit pourtant pas à fournir un concept cohérent de l'omnipotence car certains types d'états de choses contingents posent problème : les états de choses passés, les états de choses relatifs aux actions libres et les états de choses relatifs à la nature de Dieu.

Le passé est dit clos ou nécessaire accidentellement au sens où il est impossible de faire que ce qui a eu lieu n'est pas eu lieu. Pour éviter de dire que Dieu peut à *t* faire qu'un état de choses passé soit non actuel alors qu'il a été actuel à *t-x*, il faut préciser que l'omnipotence est le pouvoir d'actualiser les états de choses contingents non relatif à des faits du passé. Ici, il n'est pas fait mention d'une limite de Dieu mais d'une limite de tout pouvoir d'actualisation. Les états de choses impliquant un agent libre autre que l'être omnipotent suppose aussi une réflexion sur le pouvoir d'actualisation. Il ne paraît pas possible qu'un agent *X* fasse advenir un état de choses du type *Y faisant librement une action A*. Si *X* actualise un tel état de choses, on ne peut plus dire que *Y* fait l'action *A* librement voire même qu'il *fait* l'action *A*. Il faudrait plutôt dire que, si une telle situation est possible, *X* actualise l'état de choses qui serait la situation dans laquelle *X* sait que *Y* fera librement l'action *A*. A moins que le plus simple soit de dire qu'il n'est pas au pouvoir d'un agent *X* qui veut qu'un autre agent *Y* soit libre de faire que *Y* fasse librement telle ou telle action. Là encore, quelle que soit l'option adoptée, il n'y a pas de limitation de l'être omnipotent par une réalité extérieure mais seulement une actualisation impossible : les conditions de l'actualisation et l'état de choses actualisé ne peuvent entrer en contradiction, et ceci vaut pour tout être, omnipotent ou non.

Une dernière condition doit être étudiée. L'omnipotence est une propriété de Dieu et pas une propriété étudiée pour elle-même. Certains états de choses incluant Dieu ne peuvent être actualisés par Dieu. Dieu ne peut pas faire que Dieu cesse d'exister ou que Dieu fasse une action absolument mauvaise car cela contrevient à son existence nécessaire tout comme à sa bonté absolue. Dieu ne peut actualiser que les états de choses que Dieu peut actualiser et non les états de choses comme un état de choses absolument mauvais qu'un agent simplement omnipotent pourrait actualiser. Faut-il en conclure qu'il est possible qu'il existe un être plus puissant que Dieu et que Dieu n'a pas la perfection qu'est la puissance à son degré maximum ? Accepter que la puissance de Dieu n'est pas le maximum de puissance parce qu'elle est celle de Dieu qui est l'être le plus parfait par ailleurs, et pas seulement le maximum de puissance, est une solution acceptable mais pas pour Leibniz dont la position devrait être amendée sur ce point.

À moins que l'on puisse montrer que la puissance de se détruire soi-même ainsi que la puissance de produire un état de choses absolument mauvais ne sont pas des puissances à proprement parler ce qui ne peut se faire qu'en changeant de définition de la puissance. Geach[1] reprend ainsi la distinction entre *almighty* et *omnipotent*, entre toute-puissance et omnipotence. La puissance de Dieu ne se définit pas par l'actualisation de tous les états de choses plus une restriction adéquate pour éviter les contradictions d'une telle définition. La puissance de Dieu est une toute-puissance, une puissance réellement maximale, parce que Dieu contrôle et gouverne tout ce qu'il a créé. En ce sens, il n'est pas possible qu'il existe une puissance supérieure à celle de Dieu et Dieu possède bien la perfection de puissance à son degré maximal.

LES PERFECTIONS TIENNENT-ELLES ENSEMBLE?

Il ne suffit pas d'avoir montrer que l'on pouvait donner des définitions cohérentes de certaines perfections divines essentielles comme l'omnipotence et l'omniscience, en supposant qu'un tel travail soit possible pour d'autres perfections. Il faut aussi expliquer comment toutes les perfections peuvent, à leur degré maximal exister dans le même être. Leibniz a lui-même souligné les limites d'une telle tentative d'articulation des perfections en Dieu. On peut montrer qu'il est possible qu'un être ait toutes les perfections mais il n'est pas possible de montrer comment les perfections tiennent ensemble, comment elles sont connectées.

La défense de la compossibilité des perfections divines par Leibniz nous assure d'une possible conception de Dieu comme complexe de perfections fondationnellement reliées.

---

1. P. Geach, « L'omnipotence », *op. cit.*

Le raisonnement de Leibniz sur la compossibilité pourrait être un raisonnement par l'absurde. Suivons la reconstruction convaincante d'Adams[1]. Supposons P et Q des perfections, et supposons P et Q incompatibles. Puisque les perfections sont des propriétés positives et absolument simples, elles sont inanalysables et indéfinissables, donc il n'existe pas de démonstration de leur incompatibilité. En effet, P et Q étant inanalysables, il faut que la vérité de P et Q sont incompatibles proviennent de la forme de la proposition. On voit mal en quoi la forme de cette proposition montrerait sa vérité puisque le fait que deux perfections soient incompatibles n'a rien d'une évidence. Mais le même raisonnement pourrait être fait pour la compatibilité qui n'est pas démontrable et donc l'incompatibilité apparait indécidable. Adams montre alors qu'en réalité Leibniz ne propose pas une démonstration indirecte de la compatibilité puisque c'est impossible, mais qu'il propose une réfutation d'un éventuel contre-exemple à la compatibilité. Un tel exemple devrait manifester une vérité nécessaire et devrait être exposé par une proposition soit connaissable par elle-même, soit connaissable par démonstration. Puisqu'il n'y a pas de démonstration, il faut que le contre-exemple soit connaissable par soi-même. Mais pour être connaissable par soi-même, il faudrait qu'il soit de la forme A et non-A. Dit autrement, il faudrait que la proposition montre une évidente infraction à l'identité, ce qui n'est pas le cas de *la perfection P est compatible avec la perfection Q* si P et Q désignent des propriétés positives. Les perfections divines sont parfaitement positives, donc pour toute perfection P, il n'est jamais le cas que *non-P* soit une conséquence de P. C'est un axiome des propriétés positives que, pour toutes propriétés f et

1. R. M. Adams, *Leibniz : Determinist, Theist, Idealist, op. cit.*, p. 142-148.

g, si *f* implique *g* et si *f* est positive alors *g* est positive. Puisqu'il ne peut être conçu de contre-exemple à la compossibilité, on peut affirmer que les perfections divines sont nécessairement compossibles[1].

Une dernière étape ne peut pas être franchie : expliquer comment les perfections constituent Dieu ou comment Dieu a ses perfections ensemble. Pour atteindre ce niveau d'explication, il serait nécessaire de justifier que les perfections divines s'impliquent les unes les autres. Le principe suivant avec P pour une perfection (ou une propriété positive) au degré maximal et E pour exemplifie, devrait être justifié mais ne le peut pas.

$$\forall p \{P(p) \rightarrow \text{Néc}[\forall q\, P(q) \rightarrow \forall x\, (E(x, p) \leftrightarrow E(x, q))]\}$$

Ce principe dit que pour toute perfection au degré maximal, si un être a ou exemplifie cette perfection, nécessairement il a ou exemplifie toutes les autres perfections au degré maximal. Or, il est concevable qu'il existe un être qui a toutes les perfections sauf une, disons sauf l'omniscience remplacée par la négation de l'omniscience[2]. La non-omniscience n'est pas la négation d'une autre perfection, d'une autre propriété positive absolument simple, puisque les propriétés positives sont inanalysables et donc non opposables. Par conséquent, le principe ci-dessus est apparemment faux ou plutôt nous ne sommes pas en mesure de savoir s'il est vrai. En d'autres termes, on ne passe pas déductivement des perfections divines à l'être divin qui a ses perfections puisque l'on ignore comment les perfections

---

1. Il est vrai qu'à ce stade, il faut sinon admettre le principe général disant que tout ce qui est concevable est possible au moins tout ce qui est concevable quant aux propriétés positives est possible, ce que l'on pourrait refuser.

2. Voir R. M. Adams, *Leibniz : Determinist, Theist, Idealist*, *op. cit.*, p. 150-151.

tiennent ensemble [1]. On retrouve ici la question de l'articulation du connu et de l'inconnu en Dieu, du participable et de l'imparticipable, des énergies et de l'essence. S'il semble que l'on peut avoir une certaine intelligibilité de certains attributs et de leurs connexions mutuelles, le niveau de l'essence divine ou de l'être divin n'est pas déduit de ces connexions. Ce dernier niveau ainsi compris permet de rappeler l'aspect inconnu et caché de Dieu, ce qui fait que notre connaissance de certains attributs reste bien impuissante à saisir complètement Dieu. Comme ne cesse de le répéter Descartes, on peut concevoir Dieu sans le comprendre complètement. Quand nous disons que Dieu a toutes les perfections, nous ne pouvons que présupposer, sans le comprendre, le niveau de l'unité des perfections, ce niveau où les perfections se rassemblent en une parfaite et ultime unité.

Il est alors possible de reprendre le problème posé par Vuillemin : comment Dieu pourrait-il appartenir aux séries de perfections dont il est le degré maximal tout en étant transcendant ? La conception de Dieu comme ensemble des perfections à leur degré maximal permet de distinguer Dieu en tant qu'il est omniscient par exemple de Dieu lui-même dont on vient de montrer que l'on ne pouvait le comprendre adéquatement. Leibniz a raison de procéder en posant l'absolument parfait en premier et en explicitant ensuite cette perfection par l'ensemble des perfections. En posant l'absolument parfait en

---

1. Il est possible d'essayer de donner une représentation de ce qui fait que les perfections tiennent ensemble, par exemple en montrant que leur mode infini les fait communiquer et s'identifier par ce mode (c'est l'idée de Duns Scot) ou bien on peut chercher à montrer que l'essence de Dieu s'exprime dans une infinité de perfections qui sont ensemble car elles sont l'expression de cette essence ou bien encore montrer que les perfections sont fondées les unes dans les autres. À chaque fois, on *postule* la connexion sans pouvoir répondre totalement à l'objection de la possibilité d'un être quasi-divin, ayant toutes les perfections sauf une.

premier, il évite le problème des gradations puisque Dieu n'est pas en lui-même membre d'une série mais seulement en tant qu'il a telle perfection à un degré maximal. En lui-même, Dieu transcende chaque série.

LA PREUVE ONTOLOGIQUE

Kant[1] a proposé une critique de la preuve dite ontologique qui repose sur le concept de Dieu compris comme l'être qui a toutes les perfections. Certes, comme nous venons de le voir, Leibniz s'assure de la possibilité qu'il existe un tel être puisqu'il défend la compossibilité de toutes les perfections mais cela ne suffit pas selon Kant à légitimer la preuve onto-logique qui entend déduire l'existence de Dieu de son concept. Ce n'est pas le lieu ici d'une étude détaillée d'une telle preuve[2], il faut seulement remarquer que l'essentiel de la critique kantienne porte sur l'impossibilité de déduire l'existence d'un concept. Cependant parmi les perfections divines, il ne faut pas inclure l'existence mais l'existence nécessaire et la preuve reposant sur le concept de Dieu est une preuve qui montre que s'il est possible qu'un être nécessaire comme Dieu (c'est-à-dire qui a toutes les perfections) existe alors nécessairement cet être existe. Faute d'une prise en compte du concept de Dieu comme celui d'un être possible qui aurait toutes les perfections et faute d'une réflexion sur l'existence nécessaire, la critique kantienne a beau jeu de montrer qu'une existence, sous-entendue une existence contingente, ne peut se tirer d'un concept.

---

1. Kant, *Critique de la raison pure*, trad. A Renault, Paris, Garnier-Flammarion, 2006, *Dialectique transcendantale*, livre II, chapitre III, 4ᵉ section.

2. Voir A. Plantinga, *Nature of Necessity*, Oxford, Oxford University Press, 1974, chap. X; F. Nef, « Perfections divines et propriétés positives », *op. cit.* et C. Michon « L'argument fantastique : la preuve ontologique repose-t-elle sur une ambiguïté? », *Klésis*, 2011, p. 17.

LA BONTÉ DE DIEU ET LE MAL

La fin de notre extrait annonce une réflexion sur la création divine :

> D'où il s'ensuit que Dieu possédant la sagesse suprême et
> infinie agit de la manière la plus parfaite, non seulement au
> sens métaphysique, mais encore moralement parlant (…).

Dieu est dit omnipotent et omniscient, on peut donc en conclure que sa puissance sera ordonnée par sa connaissance, il agira donc de manière parfaitement sage. Ceci signifie que Dieu ne peut créer que le meilleur puisqu'il a connaissance de tout le possible et qu'il veut faire exister que ce qui a une bonne raison d'exister, par application du principe de raison suffisante. Dieu crée donc le maximum d'être par les voies les plus simples afin que le monde soit le meilleur des mondes possibles[1]. En procédant à partir du concept de Dieu, Leibniz peut amorcer une défense contre l'argument du mal contre l'existence de Dieu.

Un argument du mal contre l'existence de Dieu peut avoir de multiple formes dont une est inductive. Soit un mal particulièrement affreux qui n'a pas de raison ou de justification apparente même après une enquête approfondie, un être omniscient, omnipotent et parfaitement bon aurait su, pu, voulu et réussi à éviter l'occurrence de ce mal. Puisque ce mal a lieu, on peut croire de manière justifiée que l'être omniscient, omnipotent et parfaitement bon n'existe pas. William Rowe a remarqué que la meilleure défense qu'un théiste puisse faire contre cet argument consiste en un *Moore shift*, un renversement à la

---

1. C'est une question débattue que de savoir s'il peut exister un seul meilleur des mondes possibles.

Moore[1]. Moore critiquait le scepticisme quant à l'existence du monde extérieur en opérant le retournement du raisonnement sceptique suivant[2].

1) Si vous ne savez pas que vous n'êtes pas en train de rêver plutôt qu'en état de veille, vous ne savez pas que le monde extérieur existe et n'est pas seulement un objet de rêve.

2) Vous ne savez pas que vous n'êtes pas en train de rêver.

3) Donc vous ne savez que le monde extérieur existe.

Moore propose la réponse suivante.

1) Si vous ne savez pas que vous n'êtes pas en train de rêver plutôt qu'en état de veille, vous ne savez pas que le monde extérieur existe et n'est pas seulement un objet de rêve.

4) « Voici une main ». « En voici une autre ». Il faut imaginer l'orateur levant les mains.

5) Donc vous savez que vous n'êtes pas en train de rêver. (Par contraposée à partir de 4 et 1)

La force de l'argument de Moore consiste à montrer que la certitude de « Voici une main » est bien plus forte que celle de la proposition (2).

Leibniz semble bien amorcer un renversement à la Moore dans le texte que nous étudions, renversement qui paraît encore plus clair dans cet extrait de *De la production originelle des choses prises à la racine*.

> Mais dira-t-on, c'est le contraire que nous constatons dans le monde : c'est pour les meilleurs, bien souvent, que les choses vont le plus mal, ce ne sont pas seulement des bêtes innocentes, mais encore des hommes innocents qui sont accablés

---

1. Voir W. Rowe, « Le problème du mal et quelques variétés d'athéisme » dans C. Michon et R. Pouivet (éd.), *Philosophie contemporaine de la religion*, *op. cit.*

2. G.E. Moore, « Preuve qu'il y a un monde extérieur » (1939), trad. J. Dutant dans J. Dutant et P. Engel (éd.), *Philosophie de la connaissance*, Paris, Vrin, 2005.

de maux, tués parfois même avec une extreme cruauté, si bien que le monde, surtout si l'on considère le gouvernement humain, ressemble plutôt à un chaos qu'à l'œuvre bien ordonnée d'une sagesse suprême. Que telle soit la première apparence, je l'accorde. Mais dès qu'on examine les choses de plus près, l'opinion contraire s'impose. Il est *a priori* certain, par les arguments mêmes qui ont été exposés, que toutes choses et à plus forte raison les esprits reçoivent la plus grande perfection possible [1].

Si du concept de Dieu comme être parfait, on peut conclure que sa création est parfaite, ou la plus parfaite possible ou même aussi parfaite que nécessaire, on amorce une réponse à l'argument inductif du mal. Certes, si l'on considère Dieu de manière *a posteriori* par rapport au mal apparemment sans raison, on peut vouloir en conclure, par induction, que Dieu n'existe probablement pas ou que nous avons, pour le moins, une très forte raison de penser qu'il n'existe pas. Par contre, si l'on part de Dieu connu *a priori* et de sa perfection à la source de la création, on peut refuser de croire qu'il existe du mal sans raison, sans pour autant affirmer que l'on peut donner la raison de chaque mal connu. On reconnaît qu'il peut apparaître du mal sans raison mais pas qu'il existe, par delà l'apparence, du mal sans raison.

Je n'entends pas développer plus ce point qui consisterait à évaluer la théodicée de Leibniz et ses reformulations contemporaines [2]. Souligner l'importance d'un concept précis de Dieu pour le débat sur le mal et l'existence de Dieu était mon seul objectif.

1. Leibniz, *Opuscules Philosophiques choisis*, Paris, Vrin, 1959, p. 185.
2. Voir C. Michon « Une théodicée analytique est-elle possible ? », *op. cit.*

TEXTE 2

FEUERBACH
L'essence du christianisme [1]

Dans la religion l'homme cherche la satisfaction de ses désirs; la religion est son bien suprême. Mais il lui serait impossible de trouver en Dieu la consolation et la paix, si ce Dieu était d'une nature tout à fait différente de la sienne. Il me serait impossible de partager le contentement intérieur d'un être si mon propre être n'était pas identique au sien. Tout ce qui vit ne sent de goût et de satisfaction que dans sa propre nature, dans son propre élément. Par conséquent, si l'homme trouve en Dieu la paix et le bonheur, c'est parce que Dieu est son être véritable, c'est parce qu'en Dieu seul il est réellement chez lui et qu'il reconnaît comme étrangères à sa nature toutes les choses dans lesquelles il cherchait jusqu'alors la satisfaction et le repos. Pour que l'homme soit heureux en Dieu, il faut qu'il s'y trouve lui-même. « Personne ne trouvera la divinité et en même temps le bonheur, s'il ne la cherche pas comme elle-même veut être cherchée, c'est-à-dire dans la contemplation et

1. L. Feuerbach, *L'essence du christianisme*, traduction Joseph Roy, Paris Librairie internationale, A. Lacroix, Verboeckhoven & Ce, éditeurs, 1864, p. 73-8 (traduction revue par l'auteur).

l'étude de l'humanité dans le Christ. »[1] « Chaque être trouve le repos dans le lieu de son origine, de sa naissance : le lieu de ma naissance c'est la divinité ; la divinité est ma patrie. Ai-je un père en Dieu ! oui, et non-seulement un père, mais encore mon propre être ; avant d'être en moi et par moi-même, j'étais déjà né dans le sein de la divinité. »[2]

Un Dieu qui n'exprime que l'essence de l'entendement n'est point le Dieu de la religion, parce qu'il ne peut la satisfaire. L'entendement ne s'intéresse pas seulement à l'homme, mais encore aux êtres en dehors de l'homme, c'est-à-dire à la nature. L'homme d'entendement va jusqu'à s'oublier lui-même dans la contemplation des choses extérieures. Les chrétiens se moquaient des philosophes païens, parce qu'au lieu de penser à eux-mêmes, à leur salut, ils ne s'étaient occupés que de ce qui n'était pas eux. Le Christ ne pense qu'à lui. L'entendement étudie avec autant d'enthousiasme la puce, le pou, que l'homme même, l'image de Dieu. L'entendement est l'indifférence absolue, l'identité de toutes les choses et de tous les êtres. Ce n'est pas au Christianisme, ce n'est pas à l'enthousiasme religieux, mais à l'enthousiasme de l'entendement que nous sommes redevables de l'existence d'une botanique, d'une minéralogie, d'une physique et d'une astronomie. En un mot, l'entendement est un être universel, panthéiste ; c'est l'amour de l'ensemble des êtres et des choses, tandis que le caractère propre de la religion, et surtout de la religion chrétienne, c'est d'être anthropothéiste, c'est d'être l'amour exclusif de l'homme pour lui-même, l'affirmation exclusive de la nature humaine considérée en elle-même indépendamment des choses extérieures. L'entendement s'occupe bien de la nature de

---

1. Luther, *Sâmtliche Schriften und Werke*, Leipzig, 1729, t. III, p. 589.
2. *Predigten etzlicher Lehrer vor und zu Tauleri Zeiten*, Hamburg, 1621, p. 81.

l'homme, mais d'une manière objective, c'est-à-dire dans ses rapports avec les objets et pour les objets eux-mêmes, et l'exposition de ces rapports constitue la science. Il faut donc, pour que l'homme trouve dans la religion la paix et le bonheur, qu'elle contienne autre chose que l'essence de l'entendement, et ce quelque chose doit nous révéler sa nature intime, doit en être le noyau même, le cœur.

Le premier des attributs de Dieu dans toutes les religions et surtout dans le Christianisme est celui de la perfection morale. Mais Dieu conçu comme l'être moralement parfait n'est pas autre chose que l'idée de moralité réalisée[1], que la loi morale personnifiée, que l'être moral de l'homme proclamé l'être absolu. C'est l'essence propre de l'homme, puisque le Dieu moral exige de l'homme qu'il soit semblable à lui-même : « Dieu est saint, vous devez être saints comme Dieu » ; c'est la conscience humaine elle-même ; car autrement comment l'homme pourrait-il trembler devant l'être divin, comment lui adresser ses plaintes et ses prières, comment en faire le juge de ses pensées et de ses intentions les plus secrètes ?

Mais la conscience de l'être moralement parfait entendu comme être abstrait et affranchi de tout anthropomorphisme nous laisse froids et vides ; elle nous fait sentir notre nullité personnelle et, ce qui nous est le plus sensible, notre nullité morale. Je ne suis pas douloureusement affecté du contraste de la toute-puissance et de l'éternité divines avec ma limitation dans le temps et dans l'espace, parce que la toute-puissance ne m'ordonne pas d'être moi-même tout-puissant, ni l'éternité d'être moi-même éternel. Mais je ne puis avoir conscience de la

---

1. Déja dans ses conférences sur la doctrine philosophique de la religion, faites au temps de Frédéric II, et que nous avons déjà citées maintes fois, Kant lui-même dit « Dieu est pour ainsi dire la loi morale même, mais pensée comme personnifiée. »

perfection morale sans sentir en même temps qu'elle est une loi pour moi. Cette perfection, du moins pour la conscience morale, ne dépend pas de la nature ; elle ne dépend que de la volonté ; c'est la volonté parfaite. Cette volonté une avec la loi, elle-même loi, je ne puis la penser sans la considérer en même temps comme un devoir. En un mot, l'idée de l'être moralement parfait n'est pas seulement une idée abstraite, mais encore une idée pratique, qui m'excite à l'action et me met dans un état de tension, de désaccord avec moi-même, parce qu'en me criant ce que je dois être, elle me dit en même temps sans détours ce que je ne suis pas[1]. Et ce désaccord est dans la religion d'autant plus douloureux et d'autant plus terrible qu'elle oppose à l'homme son propre être en le lui représentant comme un être différent de lui et de plus comme un être personnifié qui hait et maudit les pécheurs et leur refuse sa grâce, source de tout salut et de toute félicité.

Comment l'homme rétablit-il l'accord entre lui et l'être parfait ? Comment se délivre-t-il des tourments causés par la conscience de ses fautes, par la conscience de son néant ? Comment parvient-il à émousser l'aiguillon mortel du péché ? Le voici : c'est en faisant du cœur, de l'amour, la puissance suprême, la vérité absolue ; c'est en considérant Dieu, non plus seulement comme loi, comme être moral et abstrait, mais encore et bien plutôt comme être sensible, aimant, subjectivement humain.

L'entendement ne juge que d'après la loi, le cœur est plein de condescendance et d'égards, et chacun trouve avec lui des accommodements, Κατ'άνθρωαον. Personne ne peut satisfaire

---

1. « Ce qui dans notre jugement porte préjudice à notre suffisance, nous *humilie*. Ainsi la loi morale humilie inévitablement tout homme lorsqu'il lui compare la propension sensuelle de sa nature. » Kant, *Critique de la raison pratique*, p. 132 de l'édition allemande.

à la loi qui nous impose la perfection morale, et c'est pourquoi la loi ne satisfait pas l'homme, le cœur. La loi condamne, le cœur s'éprend de pitié même pour le coupable; pour la loi, je suis un être abstrait; pour le cœur, un être réel. Le cœur me donne la conscience que je suis homme; la loi me donne seulement la conscience que je suis pécheur. La loi soumet l'homme à sa puissance, l'amour le rend libre.

L'amour est le lien, le principe médiateur entre le parfait et l'imparfait, le général et l'individuel, entre Dieu et l'homme, entre l'être saint et l'être pécheur; l'amour est Dieu même, et hors de lui il n'y a point de Dieu. L'amour fait de l'homme un Dieu et de Dieu un homme, fortifie le faible et affaiblit le fort, abaisse ce qui est élevé, relève ce qui est abaissé, idéalise la matière et matérialise l'esprit. Dans l'amour, la nature est esprit, et l'esprit nature. Aimer, au point de vue de l'esprit, c'est dépasser *(aufheben)* l'esprit; au point de vue matériel, c'est dépasser la matière. L'amour est matérialisme, un amour immatériel n'est rien. Dans les désirs de son amour pour un objet éloigné, l'idéaliste abstrait prouve malgré lui la vérité du monde sensible. Mais en même temps l'amour est l'idéalisme de la nature, l'amour est *esprit*[1]; c'est lui qui inspire au rossignol ses chants, et qui orne d'une couronne de fleurs les organes générateurs de la plante. Quels miracles ne fait-il pas dans notre vie commune, dans notre vie bourgeoise! Il réunit et réconcilie ce que la foi, les symboles divers et l'erreur séparent et rendent ennemis. Ce que les anciens mystiques disaient de Dieu, qu'il est à la fois le plus sublime et le plus commun des êtres, cela ne peut se dire en vérité que de l'amour, et non pas d'un amour rêvé, imaginaire, non! de l'amour réel, de l'amour qui a chair et sang.

1. Feuerbach emploie en les juxtaposant le mot allemand *Geist* et le mot français *Esprit* (N.d.T).

Oui, de l'amour qui a chair et sang, parce que lui seul peut remettre les péchés commis par la chair et le sang. Un être purement moral ne peut point par pardonner ce qui enfreint la loi de la moralité[1]. Si, par conséquent, on regarde Dieu comme un être miséricordieux, c'est qu'on en fait un être non moral ou mieux plus que moral, c'est-à-dire un être humain. Notre délivrance du péché est notre délivrance de la justice morale abstraite ; c'est l'affirmation de l'amour, de la pitié, de la sensibilité. Ce ne sont pas des êtres abstraits, non ! ce sont seulement des êtres matériels qui peuvent être émus, touchés. La pitié est le sentiment du droit de la réalité sensible. C'est pourquoi Dieu ne pardonne les fautes des hommes que dans sa conscience de Dieu homme, de Dieu fait chair et non de Dieu abstrait, de l'entendement. Dieu comme homme ne pèche point, mais il connaît et prend sur lui les passions, les souffrances et les besoins de la réalité sensible ; le sang du Christ nous purifie à ses yeux de nos fautes : le sang humain de Dieu est seul capable d'apaiser sa colère et d'exciter sa pitié ; c'est-à-dire nos péchés nous sont pardonnés parce que nous sommes des êtres de chair et de sang, et non pas des êtres abstraits.

---

1. « Nous avons tous péché… Les parricides commencèrent avec les *lois*. » Sénèque, « La loi nous détruit », Luther, t. XVI, p. 320.

COMMENTAIRE

LE PROBLÈME DE L'ANTHROPOMORPHISME

Critique de jure [1]

Tout au long de la première partie nous avons vu le danger qui guette la détermination du concept de Dieu, l'anthropomorphisme contraire au principe régulateur de la perfection la plus haute. En effet, Dieu est souvent pensé sinon comme une personne au moins comme ce à quoi il est légitime d'attribuer de propriétés personnelles, il est dit ou supposé être doué de volonté, d'intelligence, de bonté, de sagesse ou d'amour. Même si l'on y voit qu'une manière analogique de parler de Dieu, cette manière présuppose que Dieu a bien un aspect personnel visé grâce aux prédicats personnels. Une telle ressemblance entre ce que l'on attribue à un Dieu et ce que l'on attribue à un être humain peut rendre suspect le concept de Dieu et les croyances qui l'incluent. Sans poser la question de l'existence ou de l'inexistence de ce Dieu anthropomorphique,

---

1. L'expression est de A. Plantinga, *Warranted Christian Belief*, Oxford, Oxford University Press, 2000, p. VIII-IX.

ce qui serait une question *de facto* [1], une objection *de jure* contre la rationalité des croyances religieuses vise à critiquer l'irrationalité ou l'absence de justification de la croyance en Dieu. La projection de propriétés humaines lors de la détermination du concept de Dieu paraît bien relever d'une telle critique puisqu'à partir d'une exposition de la genèse du concept de Dieu, on insiste sur l'absence de processus fiable menant à croire que Dieu a tel ou tel attribut personnel. Ces critiques ne montrent pas directement que Dieu n'existe pas et qu'ainsi la croyance est fausse mais plutôt qu'il n'y a pas de garantie que la croyance soit vraie et donc que l'on est en droit de suspecter une très probable erreur ou illusion dans la croyance religieuse. Tel est le sens général du texte de Feuerbach qui cherche à nous libérer de l'illusion de la croyance religieuse par une objection *de jure*.

En reprenant le vocabulaire théologique [2] notamment chrétien, Feuerbach montre la vérité anthropologique et non théologique du concept de Dieu. La genèse de la croyance religieuse manifeste comment l'être humain se représente lui-même en croyant se représenter Dieu. Cette représentation n'est pas celle de l'individualité ou de la particularité de celui qui pense Dieu mais bien la représentation de l'essence de l'humanité sous la forme d'un concept de Dieu. Le concept de Dieu ne serait en réalité qu'une image de l'humain dans la perfection de son genre. Manifester cette projection c'est donc,

1. Comme nous l'avons vu, la critique *de facto* peut montrer que le concept de Dieu n'est satisfait par aucun être car un des attributs divins essentiels est contradictoire, car deux attributs divins sont contradictoires entre eux ou encore parce que l'on a de bonnes raisons, par exemple inductives, de penser que Dieu n'existe pas.

2. Par théologie, Feuerbach entend aussi bien les travaux des théologiens de son temps que ceux d'Hegel qu'il accuse d'en rester à une forme de théologie. Voir A. Philonenko, *La jeunesse de Feuerbach. Introduction à ses positions fondamentales*, 2 vol., Paris, Vrin, 1990.

pour Feuerbach, à la fois exposer la genèse du concept de Dieu, révéler l'illusion qu'il recèle fondamentalement et ainsi se libérer par un surcroit de lucidité. Si l'exposition de la genèse par Hume et par les sciences cognitives des croyances religieuses et du concept de Dieu se voulait empirique, la genèse présentée par Feuerbach cherche avant tout la signification anthropologique et historique de cette genèse qui produit l'illusion projective. On peut voir une complémentarité dans ces deux formes de critique car les niveaux d'analyse ne sont pas identiques.

Projection et amour

Pour Feuerbach, les croyances religieuses et l'image d'un Dieu interagissant avec les êtres humains ne sont pas seulement un moyen d'assurer une maitrise toute relative de ses actions par l'imagination des causes surnaturelles comme le suppose Hume notamment. L'image d'un ou plusieurs Dieux interagissant avec les êtres humains répond à un besoin plus profond que la simple maitrise de l'action et en dit plus sur l'être humain. L'être humain cherche certes à agir en vue de son bonheur ou de son intérêt, ainsi qu'à se prémunir des maux qui peuvent l'accabler de manière aléatoire. Mais cette recherche d'une vie meilleure ou moins douloureuse est aussi la recherche d'un accomplissement de son humanité, la recherche d'une adéquation avec l'essence de l'humanité présente en chacun et dépassant la particularité de l'individu.

La première question que pose Feuerbach dans son texte est celle de la possibilité pour un être humain de trouver du réconfort en Dieu alors que ce dernier est apparemment parfaitement transcendant et inaccessible. Si Dieu est représenté comme un être si parfait que toute ressemblance ou participation à son être est impossible, comment le croyant peut-il trouver le moindre soutien dans sa croyance en Dieu ? Feuerbach pose cette question dans le cadre d'une critique du christianisme mais sa portée est bien plus universelle si l'on ne suppose pas comme Feuerbach que le christianisme est une sorte de religion ultime [1].

La croyance en Dieu nait d'un besoin ou d'un manque de sécurité, de justice, de paix, d'amour. Plus précisément, le concept de Dieu n'a de sens que par rapport à un désir qui donne lieu à une image, image qui est une représentation de soi, de l'humain, mais justement, en un premier temps, sous la forme dissimulée d'un concept de Dieu. La foi en Dieu a donc besoin d'une image mais ce besoin est maladif et l'image fausse.

Le croyant s'adresse à Dieu pour qu'il l'aide, et cette aide, il la trouve bel et bien en Dieu. Pour reprendre les termes d'un débat que nous avons déjà abordé, Dieu doit être participable puisqu'il est celui qui donne la paix et la satisfaction. Dans l'esprit du croyant, la transcendance de Dieu ne peut être comprise comme totale au point de marquer une rupture radicale. Mais si la transcendance est à ce point atténuée, c'est parce qu'elle est une idéalisation de ce que nous sommes plutôt qu'une différence de nature entre l'humain et le divin. Le croyant se retrouve lui-même en tant que membre du genre humain en Dieu qui n'est évidemment pas la copie de notre imperfection mais la manifestation de ce que nous sommes idéalement. Ce n'est donc pas un hasard si des propriétés personnelles portées à l'infini, des perfections à leur degré maximal, sont attribuées à Dieu comme la volonté, l'amour ou

1. L'ensemble du texte de Feuerbach tourne autour de schèmes chrétiens subvertis, certains diront déconstruits, comme l'Incarnation ou la Trinité. Comme Hegel, Feuerbach tient le christianisme pour la religion achevée, ce qui est pour le moins contestable mais seule l'exemplarité de sa compréhension du concept de Dieu comme image issue d'une projection nous importe ici.

la raison, la plus importante étant l'amour car la volonté et la raison même idéalisées ne suffisent pas à combler le désir du croyant.

La projection de l'essence humaine sous la forme d'un concept de Dieu n'est en effet pas seulement une projection d'un être rationnel sous l'image d'un être rationnel parfait. Dieu ne peut se réduire à une idéalisation de notre entendement. Le croyant n'est pas à la recherche d'un Dieu parfaitement connaissant car la connaissance égalise tout, traite l'humain comme un objet de connaissance parmi d'autres. Si Dieu n'était qu'un être connaissant le monde objectivement, qu'une forme de démon de Laplace, le croyant n'y trouverait pas son intérêt. Une telle perfection intellectuelle n'aurait de relation à l'être humain qu'en tant qu'objet de connaissance et cela n'offrirait pas au croyant l'asile qu'il recherche. Ceci permet aussi de souligner que l'être humain n'est pas par essence un animal seulement rationnel, ce que le matérialiste Feuerbach rappelle aussi. Par conséquent, il ne suffit pas de se représenter Dieu comme le plus parfait dans l'ordre de l'intellect ainsi qu'il a été vu plusieurs fois dans la première partie grâce à la différence entre un principe cosmologique et un Dieu.

Il ne suffit pas non plus de se représenter Dieu comme une loi morale car l'être humain n'a pas pour essence d'être une pure volonté morale. La projection de l'essence humaine n'aboutit pas à l'image d'une loi morale incarnée dans la sainteté divine comme pourrait le laisser penser une certaine lecture de Kant[1]. La loi morale permet de se reconnaître comme volonté aspirant à la perfection. La conscience morale de la loi personnifiée en Dieu permet à partir de la reconnaissance de son être pécheur et inadéquat à la loi de retrouver la volonté

---

1. Voir Kant, *Critique de la raison pratique*, trad. J.-P. Fussler, Paris, Garnier-Flammarion, 2003, première partie, livre II, chap. 2, § V.

d'imiter Dieu, d'être saint comme Dieu est saint. Pourtant, bien qu'elle soit plus proche de la vie religieuse que l'idéalisation de l'entendement, la conscience morale de Dieu comme loi ne suffit pas à répondre à notre besoin de paix car la loi est plus un juge qu'un réconfort. Le moment le plus important pour la conscience religieuse est donc le dépassement de la loi morale comme représentation de la personne de Dieu par la représentation de Dieu comme l'amour. Dieu est fondamentalement celui qui aime, a pitié et pardonne et dans la religion, c'est bien le Dieu sensible au cœur qui importe. Seule l'image d'un Dieu qui libère de la souffrance introduite par la condamnation par la loi morale qu'il incarne aussi par ailleurs peut véritablement comblé le désir religieux né de la peur et de l'insatisfaction.

L'amour n'est donc pas seulement un nom donné à Dieu parmi d'autres mais ce nom révèle le sens profond des croyances religieuses. En cela, Feuerbach vise bien à révéler la logique profonde de la genèse des croyances religieuses. L'amour est une médiation qui abolit les contradictions entre humain et divin en présentant aux humains un Dieu capable de combler leur désir. L'amour permet de dépasser l'opposition matière/esprit dans une conciliation du sensible et de l'universel. L'amour culmine dans le pardon qui n'est pas une justice abstraite ou idéale mais une justice humaine parfaite reconnue comme humaine et parfaite. Une telle justice libère car la perfection n'est plus la marque du divin séparé de l'humain mais l'horizon d'accomplissement de soi de l'être humain grâce à l'amour humain. La vérité du christianisme n'est pas que le Christ est Dieu prenant une vie humaine et venant pardonner les péchés humains afin de réconcilier l'humanité avec lui-même. La vérité du christianisme est anthropologique : par delà l'illusion théologique de réconciliation de Dieu et de l'humanité, il existe une réconciliation supérieure, sans illusion, quand l'humanité prend conscience que le Dieu amour est l'image de l'essence humaine. La véritable conciliation a lieu quand la conscience infinie de l'être humain se révèle à elle-même sans se séparer d'elle-même en se projetant sous la forme d'une image de Dieu. Il n'y a donc pas de mystère dans la croyance que Dieu est une personne ou est un être personnel, car l'anthropologie manifeste la vérité de cet anthropomorphisme : l'essence de l'humain se comprend comme amour parfait, Dieu aime l'humanité signifie que la chose suprême est l'amour de l'humanité.

Feuerbach entend donc nous révéler que l'être humain est un animal religieux en ce qu'il découvre que son rapport à soi, sa conscience de soi, passe par la conscience de l'humanité transcendant les limites individuelles bien que la reconnaissance de cette transcendance a trop souvent été mal interprétée comme la relation pieuse à un Dieu. Le sentiment religieux se trouve ainsi légitimé et sécularisé, légitimé parce que sécularisé : la foi ne doit pas se porter sur un prétendu Dieu mais sur l'amour humain dans ce qu'il a de plus infini.

LA PROJECTION ANTHROPOMORPHIQUE EST-ELLE NÉCESSAIREMENT INJUSTIFIÉE ?

Considérer que le concept de Dieu est d'abord le résultat d'une projection anthropomorphique permet une critique des croyances religieuses, une critique *de jure*. Exposer la genèse de la croyance religieuse montre comment le croyant en vient à croire qu'il y a un être qui satisfait le concept de Dieu. Selon une telle genèse, le processus de croyance se révèle être irrationnel ou au moins peu fiable, puisqu'il est un exemple de processus reconnu comme source d'illusions. Le devoir d'un croyant serait donc de s'informer de l'absence de justification de ses croyances et de comprendre que son usage du concept de Dieu est toujours fautif et illusoire puisque le prétendu concept est une image illusoire. La reconnaissance de la genèse du concept de Dieu devient une objection pour la croyance religieuse.

Plantinga a souligné les faiblesses d'un telle approche de la rationalité des croyances[1]. En effet, la description de ce processus de projection ne suffit pas, à elle seule, à montrer que la croyance est irrationnelle. Pour que la reconnaissance du processus de projection devienne une raison de ne plus croire, il faut que le croyant accepte aussi le principe suivant : si le théisme était vrai, alors la croyance en Dieu ne devrait pas reposer sur une projection. Mais le croyant peut au contraire penser qu'une partie de sa relation à Dieu passe par une projection, à réguler il est vrai, projection de ce qu'il connait du monde et de l'humain. Il est aussi couramment admis que notre connaissance d'autrui passe par une projection de ce que nous éprouvons et connaissons de nous-même sur autrui et il est même possible d'admettre que cette projection est globalement inconsciente. Sans chercher plus avant si tel est bien le processus de notre connaissance d'autrui, il semble acceptable de penser que si tel était le cas, nous n'aurions pas ici de raison suffisante de penser qu'autrui n'existe pas. Nous aurions probablement des raisons de nous méfier de possibles erreurs dans notre connaissance d'autrui mais le processus lui-même ne serait pas disqualifié par principe. Pourquoi devrait-on disqualifier le concept de Dieu et les croyances qui l'incluent alors que cela ne semble pas nécessaire dans le cas d'autrui ?

À moins que l'explication du processus de projection s'accompagne d'une affirmation supplémentaire comme *il est inutile de supposer que Dieu existe pour expliquer le processus de projection puisque tout vient de nous*. Là encore, il faut

1. A. Plantinga, *Warranted Christian Belief*, op. cit.

remarquer que si pour expliquer que certains croient en Dieu, il n'est pas nécessaire de postuler l'existence de Dieu, cela n'implique pas qu'il ne puisse pas exister d'autres raisons de croire que Dieu existe et cela n'explique pas plus que le concept de Dieu n'est qu'une image illusoire. Pour être une critique de la croyance religieuse, la genèse du concept de Dieu doit donc se faire dans une perspective athée qui, indépendamment de la question de la genèse des croyances religieuses, se soutient par des arguments contre l'existence de Dieu. En effet, si l'on a, par ailleurs, de bonnes raisons de penser que Dieu n'existe pas, alors on peut montrer que la projection n'est pas un processus d'acquisition de la croyance que Dieu existe suffisamment fiable pour contrebalancer les raisons de penser que Dieu n'existe pas. L'athée peut aussi ajouter que l'explication ne mentionnant à aucun moment l'existence de Dieu, la supposition que Dieu n'existe pas et l'explication de la croyance sans supposer que Dieu existe sont cohérentes. À l'inverse, le croyant peut avoir, par ailleurs, des raisons de penser que Dieu existe et que, dans certaines conditions, la projection est un moyen raisonnable de connaître Dieu. Parmi ces conditions, il y a certainement l'obligation de soumettre la projection à une régulation plus ou moins drastique.

Cette opposition d'arrière-plan dans l'appréciation de la genèse du concept de Dieu se retrouve dans deux interprétations opposées des sciences cognitives des religions. Pascal Boyer, dans la conclusion de son *Et l'homme créa les dieux* se place dans un cadre naturaliste et montre comment son explication de la genèse des croyances religieuses et du concept de Dieu ne présuppose pas l'existence de Dieu, s'en dispense et fournit une approche critique du penchant naturel mais illusoire à croire[1]. À l'inverse, Justin Barrett, lui aussi chercheur en sciences cognitives, décrit la genèse des croyances religieuses et du concept de Dieu et, dans un moment réflexif sur son travail scientifique, montre que Dieu peut très bien avoir voulu que les êtres humains soient naturellement portés à croire[2]. L'évaluation de la rationalité du processus de projection dépend dans les deux cas des raisons de penser que Dieu existe ou non, indépendamment de la genèse de ce concept. Or comment discuter de l'existence ou non de Dieu sans un concept de Dieu analysé par avance, avant la question de l'existence mais aussi bien avant la question de la rationalité de sa genèse dans l'esprit humain.

Tel était le but de cet ouvrage : exposer les principales difficultés que l'on rencontre quand on cherche à déterminer ce qu'est un Dieu, quand on cherche à déterminer le contenu du concept de Dieu[3].

1. P. Boyer, *Et l'homme créa les dieux*, Paris, Gallimard, 2001.

2. J. Barrett, *Why would anyone believe in God?*, Walnutt Creek (CA), AltaMira, 2004.

3. Je remercie Paul Clavier, Cyrille Michon, Frédéric Nef et Roger Pouivet qui ont relu le manuscrit et m'ont aidé à lui donner une forme plus aboutie.

TABLE DES MATIÈRES

Qu'est-ce qu'un Dieu ?

TEXTES ET COMMENTAIRES

DANS LA MÊME COLLECTION

Éric DUFOUR, *Qu'est-ce que le cinéma ?*
Éric DUFOUR, *Qu'est-ce que la musique ?*, 2e édition
Julien DUTANT, *Qu'est-ce que la connaissance ?*
Hervé GAFF, *Qu'est-ce qu'une œuvre architecturale ?*
Pierre GISEL, *Qu'est-ce qu'une religion ?*
Jean-Yves GOFFI, *Qu'est-ce que l'animalité ?*
Denis GRISON, *Qu'est-ce que le principe de précaution ?*
Gilbert HOTTOIS, *Qu'est-ce que la bioéthique ?*
Annie IBRAHIM, *Qu'est-ce que la curiosité ?*
Catherine KINTZLER, *Qu'est-ce que la laïcité ?*, 2e édition
Sandra LAPOINTE, *Qu'est-ce que l'analyse ?*
Michel LE DU, *Qu'est-ce qu'un nombre ?*
Pierre LIVET, *Qu'est-ce qu'une action ?*, 2e édition
Louis LOURME, *Qu'est-ce que le cosmopolitisme ?*
Michel MALHERBE, *Qu'est-ce que la politesse ?*
Paul MATHIAS, *Qu'est-ce que l'internet ?*
Lorenzo MENOUD, *Qu'est-ce que la fiction ?*
Michel MEYER, *Qu'est-ce que l'argumentation ?*, 2e édition
Cyrille MICHON, *Qu'est-ce que le libre arbitre ?*
Paul-Antoine MIQUEL, *Qu'est-ce que la vie ?*
Jacques MORIZOT, *Qu'est-ce qu'une image ?*, 2e édition
Gloria ORIGGI, *Qu'est-ce que la confiance ?*
Mélika OUELBANI, *Qu'est-ce que le positivisme ?*
Claude PANACCIO, *Qu'est-ce qu'un concept ?*
Denis PERRIN, *Qu'est-ce que se souvenir ?*
Roger POUIVET, *Qu'est-ce que croire ?*, 2e édition
Roger POUIVET, *Qu'est-ce qu'une œuvre d'art ?*
Manuel REBUSCHI, *Qu'est-ce que la signification ?*
Dimitrios ROZAKIS, *Qu'est-ce qu'un roman ?*
Jean-Marc SÉBÉ, *Qu'est-ce qu'une utopie ?*
Yann SCHMITT, *Qu'est-ce qu'un Dieu ?*
Franck VARENNE, *Qu'est-ce que l'informatique ?*
Hervé VAUTRELLE, *Qu'est-ce que la violence ?*
Joseph VIDAL-ROSSET, *Qu'est-ce qu'un paradoxe ?*
John ZEIMBEKIS, *Qu'est-ce qu'un jugement esthétique ?*

Imprimerie de la manutention à Mayenne (France) - Mai 2013 - N° 2087073H
Dépot légal : 2e trimestre 2013